乐享汇
分享·快乐的阅读
Happy Reading to Share

マンガでわかる
行動経済学

买买买时代的
行为经济学

日本木瓜制造　著
郭勇　译

CTS
湖南文艺出版社
HUNAN LITERATURE AND ART PUBLISHING HOUSE
博集天卷
CS-BOOKY

图书在版编目（CIP）数据

买买买时代的行为经济学 / 日本木瓜制造著；郭勇译.
— 长沙：湖南文艺出版社，2015.11
ISBN 978-7-5404-7365-5

Ⅰ.①买… Ⅱ.①日… ②郭… Ⅲ.①行为经济学—研究
Ⅳ.① F069.9

中国版本图书馆 CIP 数据核字（2015）第 254572 号

著作权合同登记号：18-2015-155

上架建议：经济学◎通俗读物

买买买时代的行为经济学

著　　者：日本木瓜制造
译　　者：郭　勇
出 版 人：刘清华
责任编辑：薛　健　刘诗哲
监　　制：蔡明菲　潘　良
联合策划：博集天卷　咪咕阅读
策划编辑：李彩萍
特约编辑：汪　璐
营销编辑：李　群
封面设计：刘红刚
版式设计：张丽娜
版权支持：文赛峰
出版发行：湖南文艺出版社
（长沙市雨花区东二环一段 508 号　邮编：410014）
网　　址：www.hnwy.net
印　　刷：三河市华东印刷有限公司
经　　销：新华书店
开　　本：880mm × 1230mm　1/32
字　　数：170 千字
印　　张：6.5
版　　次：2015 年 11 月第 1 版
印　　次：2020 年 7 月第 2 次印刷
书　　号：ISBN 978-7-5404-7365-5
定　　价：38.00 元

质量监督电话：010-59096394
团购电话：010-59320018

前言
Preface

一看“行为经济学”这几个字，估计很多朋友都会产生畏难情绪，觉得又是“经济学”，一定很难懂。其实不然，行为经济学受心理学的影响很大，它是一门研究人们在经济活动中内心动向的学问。因此，它的内容非常生动，也十分有趣。

那么，我这本书到底写了哪些内容呢？下面就给大家做一个简要的介绍。

· 爱赌博的人为什么总是自信满满？

· 存不住钱的人有什么样的心理特征？

· 去年审驾照的途中，发生交通事故的概率很低，这是为什么呢？

· 活用行为经济学理论，提高抽奖中奖金额的方法。

· 指示部下去做什么，他们就会乖乖去做。

· 人为什么不愿意换成更加便宜的手机资费套餐？

· 为什么人听到“1980 日元”，就会感觉很便宜？

· 为什么老是记不住别人的名字？有没有记人名的好方法？

· 提高销售额，将商品的种类设定为几种合适？

· 1 张 1 万日元的钞票和 10 张 1000 日元的钞票相比，人们会感觉它们的价值不同，这是为什么呢？

· 给人让座的时候，如果得到对方的金钱酬谢，我们反而会觉得不开心，这是为什么呢?

· 让 iPad（苹果牌平板电脑）得以普及的心理策略。

· 对于“免费”两个字，人们的反应过于激烈，这是为什么呢?

· 你所不知道的赛马中的心理陷阱。

· 餐厅中背景音乐的节奏慢，营业额就会上升。

· 理解了人们愿意为“捕捉 UFO”而花钱的心理，就能明白为什么超音速客机会在商业上失败。

其实，上面列出来的这些，只不过是行为经济学中非常少的几个例子。虽然行为经济学是“经济学”，但是，它可以应用于我们的日常生活中，也就是说这种“经济学”非常“亲民”。本书在介绍行为经济学的同时，还会从心理学以及脑科学的角度来分析人们行为背后更深层次的原因。

序章以“什么是行为经济学”为主题，对这个概念进行了解说，同时介绍了行为经济学的应用方法，纠正了人们对它的误解。第一章，为大家介绍不可思议的经济心理，人们会因价格表示方法的不同而感觉商品便宜或贵，还会因为某种食物的价格昂贵而在心理上觉得它好吃。在第二章中，为大家说明两种阻碍我们进行合理判断的系统，解说判断失误的原因。第三章讲解“比较”和“模仿”，可以说这两种行为是我们人类的基本行为模式。在这里你将看到丰富的例题，借此来分析人们进行比较、模仿的原因。第四章介绍投资和赌博的魅力所在，帮你理解为什么会有那么多人前赴后继地投身于投资和赌博，另外还会为你讲解投资和赌博当中的陷阱。第五章是实用章节，讲解行为经济学理论在现实生活中的活用方法。

另外，本书的插画中有很多“行为不合理的猴子”出场。它们其实是一种“样本猴”，会通过改变头上花的颜色表达自己的感情。顺便介绍一下，平时，雄性样本猴头上的花是淡黄色的，而雌性样本猴头上的花是粉红色的。如果那花变成红色，就代表生气；变成蓝色，代表绝望；如果受到的打击太大，它们头上的花就会枯萎。样本猴是日本猴的亚种，只有在日本才能找到它们的身影。这次，除了样本猴之外，还有一种新的生物登场，那便是“经济犬”，它是一种头脑聪明、行为合理的狗。对于它们在插画中的倾情表演，在此我表示衷心的感谢！

木瓜制造

目录
Contents

序　章　什么是行为经济学？

第一章　不可思议的经济心理

第三章　人们为什么喜欢先“比较”然后再“模仿”？

第四章　投资与赌博的行为经济

序章

Prologue

序章 什么是行为经济学?

行为经济学是以我们身边经常发生的事情为对象，研究人们不可思议的经济行为的学问。这门学问不仅有趣，还非常生动、贴近生活。在序章中，我将为你简要介绍行为经济学，其中还会穿插关于人的视觉、记忆等方面的话题，内容非常有趣，敬请期待。

为什么人总会不自觉地去自己熟悉的老店吃饭？

人都有“损失厌恶”的心理倾向／不想尝试失败的想法总是占上风

“行为经济学”是研究人们在经济活动中所做出的一些不可思议的行为的学问，这门学问异常生动有趣。我们来举个日常生活中的例子。请大家回想一下自己在日常生活中经常去的餐厅、酒吧、咖啡厅等。当你想去吃饭、喝酒或喝咖啡的时候，是不是总会不自觉地走进自己熟悉的老店呢？本来我们生活的城市中有很多餐饮店，可为什么最后总是去那几家自己熟悉的老店？这到底是一种什么样的心理在起作用呢？

常去的那家餐厅菜品味道不错，价格公道，店里的气氛很适宜就餐，服务员的态度也挑不出什么毛病，总之那家餐厅很不错。可是，如果去一家从没去过的餐厅，也许味道会更好，但是也有可能味道很差，如果上菜速度很慢，耽误了下午上班就麻烦了，谁都不想冒这个险吧？算了！还是去那家熟悉的餐厅吧。

人是一种奇怪的生物，善于根据自己以往的经验行事，不太想尝试新事物，因为内心“害怕失败”。其实在人的心中，与“想获得更多的收益”相比，“不想蒙受损失”的心情更加强烈。所以，人们不太愿意“冒险”去尝试新的餐厅，而会选择比较“安全”的熟悉的老店。人的这种行为在行为经济学中被称为“损失厌恶”的心理倾向。这种心理倾向很强的人，不但会选择自己熟悉的老店，即使在这家店里就餐也只点自己常吃的菜。因为在他们的内心深处藏着一个声音，这个声音时刻提醒他们：“如果点其他的菜，万一不好吃就扫兴了。”

目前，在日本经济并不景气的大环境下，老牌子的商品都是相对比较畅销的。这也是消费者“损失厌恶”的心理倾向造成的。用以前的价格买以前的商品，虽然不能获得新的体验，但总比花钱买不愉快的体验要强一些。这是大部分人共有的想法。

①在日语中，“黄泉”和“女仆”同音。

如果突然降薪，你的心里会怎么想？

假设“损失的金钱”与“获得的金钱”二者金额相同，在你心里的价值会一样吗？

对大多数人来说，占便宜时的喜悦感远远不如受损失时的失落感来得强烈。我们举个例子来证明这件事。

假设你就职的公司最近经营状况非常好，业绩节节攀升，老板非常豪迈地宣布，从下个月起给每位员工加薪 1 万日元。这种不看员工个人业绩的无差别加薪，肯定会让你感到异常高兴，感觉占了大便宜。

假设情况刚好相反，即由于最近公司业绩下滑严重，老板宣布所有员工一律降薪 1 万日元，此时此刻，你的心里又会有什么感觉呢？首先，肯定会很难过。但是，降薪 1 万日元时的难过和加薪 1 万日元时的喜悦相比，两种感情的程度一样吗？

大部分人都会觉得降薪时难过的心情远远超过加薪时的喜悦心情。为什么同样是 1 万日元，但加薪和降薪所造成的感情起伏不一样呢？

因为与占便宜相比，人更不喜欢遭受损失。实际上，受损失时对人的心理打击要大于同等程度获益时的愉悦心理。

如果用经典经济学理论来分析上面的加薪和降薪的案例，会认为加薪和降薪都是 1 万日元的金额，所以人在加薪时的喜悦和降薪时的难过，应该是同等程度的。但实际上，人在这两种情况下的感情起伏存在明显的差异。行为经济学会抛开经典经济学的理论，通过实验或现实生活的经验，以人类是感情动物这一条件为前提，来研究人类在经济生活中的各种感情倾向和行为倾向。

①在日语中，“强盗”与“行为”同音。

只要女性一出面，就能招揽到客户？

女性的脸可以消除客户的不安

接下来，讲一个经济活动与心理存在有趣联系的例子。南非某家金融机构和哈佛大学合作开展了一项金融业务。为了招揽贷款客户，他们首先进行了一系列实验。在给目标客户寄出的贷款介绍书中，有的故意提高利率，有的故意降低利率，有的则以抽奖中手机为诱惑，看客户对这些介绍书有什么样的反应，看哪种方式更容易吸引客户贷款。统计结果出来之后，大家注意到一个有趣的现象。最吸引客户的方法，竟然是在贷款介绍书中附上银行女职员的照片。

如果目标客户为男性，那么在贷款介绍书中附上银行女职员的照片，和降低 5% 的贷款利率具有相同的吸引力。当时，按照南非的市场行情，小额贷款的利率一般在 7.75%—11.75% 之间。如果在贷款介绍书中附上银行女职员的照片，那么即使把贷款利率提高 5%，也有男性客户前来贷款。

这和日本的银行等金融机构经常使用受欢迎的女明星为其贷款产品做宣传是同样的道理。他们的宣传目的是改变在人们心中“贷款 = 借钱”的观念，借用女明星良好的形象改善人们对“贷款”的印象，让人们觉得贷款消费是一件好事、一件时髦的事。但这还不是他们请女明星代言的全部原因。

消费贷款诞生之初，大多数人并不买账。因为他们对这种新事物心存不安，怕因此不断扩大自己欠钱的缺口，怕个人信息从银行泄露，怕银行的服务不到位等。但是，人（尤其是男性）有一种看到女性的脸就可以缓解不安的心理倾向。据我所知，在现实生活中，有一家大型银行曾邀请一位男性大腕代言其贷款产品，但收效不佳。不过，自从换了一位女明星当代言人之后，新增的贷款客户数竟然直线上升。

贷款介绍书中，
这是什么贷款啊？
贷款
如果贴上银行女职员的照片，
嗯？
贷款介绍
就会大大提高男性客户的申请率。
我要不要贷点款呢？

贷款很可怕
→女性的脸
→让人安心
嗯？有了！
我可以……利用女性的脸……

把这张照片贴在我的竞选宣传单上。
那是别人的脸好不好！

什么是行为经济学？

没有枯燥的理论，行为经济学是生动有趣的经济学

“经济学”，相信有不少朋友一听到这三个字就感到头疼。大多数人都认为经济学是一门非常专业、难懂的学问，只有从事商业金融等方面工作的人或专门研究经济学的专家才会去学它，而且只有在大学里才能学到。事实上并非如此。经济学和我们的日常生活存在广泛又深入的联系。经济学研究的是我们整个社会的经济活动，不仅涉及“投资”“资金调拨”“销售活动”等与企业经营有关的活动，还涉及个人的“储蓄”“消费”等日常生活，甚至连我们的“恋爱”“婚姻”也离不开经济学。

经典经济学在研究各种经济现象时，认为那是人类采取合理的行为后产生的结果。经典经济学假设人不会做出错误的选择，会合理、有效地进行判断，并以此为前提来研究各种经济现象。但是，在现实中，人的行为真的那么合理、有效，而且不会出错吗?

诚然，从某种角度来讲，人的判断是基于自身利益合理化做出的。比如“我这样做会不会获益？”“那样做会不会有损失？”，这些都是我们在做决定前会考虑的事情。但是，我们不会永远都能进行合理的判断，一直只做正确的选择。我们常会因为一时心血来潮而“冲动消费”，也会只受某种商品外包装的吸引，不仔细检查商品本身就“赌博性”地购买。行为经济学就是通过实验等形式，来分析人在经济生活中的种种奇怪的“心理”和“行为模式”，研究人们的心理和行为倾向。行为经济学研究的重点就在于现实经济活动中人的认知倾向和行为特征。

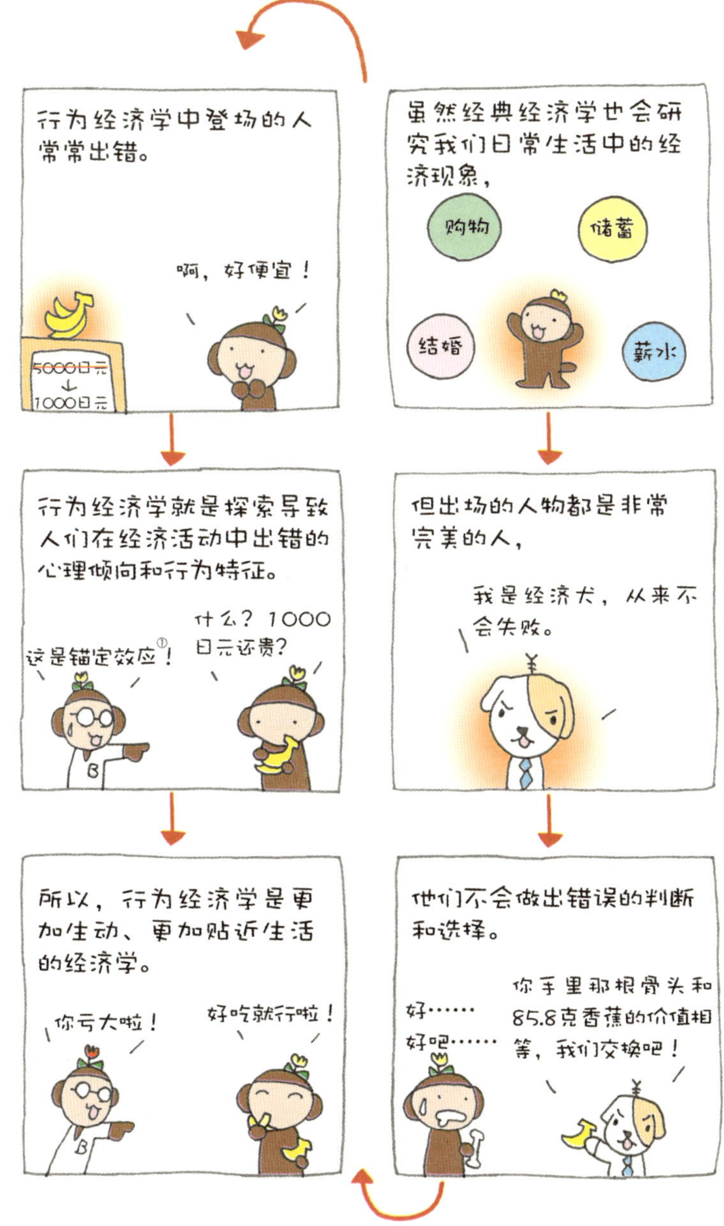

①锚定效应，Anchoring effect，是指当人们需要对某个事件做定量估测时，会将某些特定数值作为起始值，而起始值像锚一样制约着估测值。在做决策的时候，人会不自觉地给予最初获得的信息过多的重视。

行为经济学的历史

行为经济学的产生与发展过程

行为经济学和心理学有着千丝万缕的联系。据说在经济学刚刚确立的18世纪，不少经济学者同时也是心理学者。有“经济学之父”之称的亚当·斯密曾在他的著作《道德情操论》（1759年）一书中详细论述了人的心理与经济活动之间的关系。从那之后一直到20世纪，主流经济学理论在研究各种经济现象时，都把参与其中的人看作会理性思考、合理行动的“经济人”，这一假设成了主流经济学的一个研究前提。另一方面，自20世纪50年代起，心理学开始以人的知觉、理解、记忆等认知机能为研究对象，确立了认知心理学的新领域。后来，学者们又将认知心理学的研究成果融合到经济学理论中，形成了行为经济学这门独立的学问。

近年来，在行为经济学领域小有成就的专家有普林斯顿大学的心理学家、行为经济学家丹尼尔·卡尼曼教授（Daniel Kahneman）和查普曼大学的经济学家弗农·史密斯教授（Vernon Lomax Smith）。这两位专家因为在行为经济学和实验经济学两个新的研究领域中的贡献，于2002年分享了诺贝尔经济学奖。现在，我们在行为在经济学中所知的很多重要理论，都是卡尼曼教授和他的共同研究者、斯坦福大学的已故教授阿莫斯·特沃斯基（Amos Tversky）创立的。目前，只要是涉及行为经济学的书籍，基本上都会出现这两位专家的名字。

此外，在2013年获得诺贝尔经济学奖的是耶鲁大学的罗伯特·希勒（Robert J. Shiller）教授，他因在资产价值的实证分析方面取得的成就而获奖。不仅如此，希勒教授还是著名的行为经济学家。很早以前，他就对美国股市的泡沫和引起次贷危机的住宅市场敲响了警钟。近些年来，行为经济学这门新兴的学问受到了广泛关注，就连我们普通人也逐渐感受到了它的“魅力”。

丹尼尔·卡尼曼出生于一
个富裕的犹太家庭。

当时，犹太人受到纳粹分
子的残酷迫害。
丹尼尔，你
要小心纳粹
分子。
嗯，爸爸。

一天晚上，丹尼尔从朋友
家回家的途中，遇到了一
名纳粹军官。
啊！

丹尼尔心想，这下完了，
自己肯定会被逮捕。可没
想到的是，那名纳粹军官
竟然抱起了丹尼尔，
?

还给丹尼尔看了自己儿子
的照片。
可能是因为我和
他儿子长得很像
吧。人的心理还
真有意思。

1000日元……

从那以后，我
就对人的心理
产生了兴趣。

视觉的误差

大小的恒定性／距离与大小的关系

为什么人会违背“理论”采取不可思议的行动呢？这个问题的关键点其实存在于我们的判断系统中。有句俗语为“耳听为虚，眼见为实”，意思是说，人们都有相信自己看到的东西的倾向。一般而言，亲眼看到的事物，应该是最准确的，但实际上，如果过分相信看到的东西，也是很危险的。为什么这么说？因为我们人类大脑的功能太强大了，以至于有时会将眼睛看到的东西加以扭曲；有时为了看到特定的事物，会有意忽视其他事物；有时还会诱导视觉产生误差或错觉。没错，你用眼睛看到的事物，并不总是准确的。关于我们人类的判断系统，将在第二章中进行详细讲解。现在，请你看一看下面的图片，我将带你一起感受一下我们的眼睛真的“靠不住”。

右侧图中两只样本猴的大小有明显的差别。当把同样的两只猴子放在左侧的照片中时，我们通过视觉观察，加上大脑分析，会判断两只猴子的大小差不多。那张照片是有纵深感的，所以眼睛会做出这样的判断，这被叫作“大

小的恒定性”。

即使观察的物体距离发生了改变，我们也会认为它们的大小相差不多。照片中前面的猴子和后面的猴子，大小是明显不同的，但我们还是会通过大脑分析，认为它们的大小差不多。因为我们的大脑会认为猴子的个头基本上都差不多，这是一个常识。再加上我们知道照片拍摄的景物是立体的、有纵深感的，因此，离我们较近的物体看起来较大，离我们较远的物体看起来较小。综合上述因素，我们最终得出结论：照片中的两只猴子大小差不多。特别是对于人、汽车、交通信号灯等常见的物体，因为我们在大脑中已经掌握了它们的大小，所以通过视觉看到这些物体的时候，我们会自动修正其大小和距离。

“大小的恒定性”对我们视觉的影响是相当大的，有时当我们把看见的风景画入画中的时候，常常把握不好各种物体之间的比例关系。这就是因为我们的大脑对它们的大小已经存在一定的惯性思维。

“恒定性”除了物体的大小之外，还有其他几种，这些都会对我们的感觉造成影响。比如，“形状的恒定性”，是指有些物体的形状已经深深印在我们的大脑中，不管从什么角度看，我们都知道它们的形状；“颜色的恒定性”是指有些物体我们知道它们本来的颜色，也许在特殊的光线下它们看起来改变了颜色，但我们心中仍认为它们是原来的颜色。不仅仅是我们人类，一些昆虫和猴子，也会受到这些“恒定性”的影响。

在自然光和荧光灯下看到的物体颜色，和夕阳下看到的同一物体的颜色会有明显的差别，但受到“颜色的恒定性”的影响，我们会认为它们的颜色相同。

直觉的误差

错觉①／看起来长度变了、大小变了

接下来，再给大家讲一个例子，是通过视觉引起的直觉误差。下面你看到的例子，都会出现“视觉错觉”。引起视觉错觉的原因有很多，但有趣的是，虽然我们心里清楚这是错觉，并且知道正确答案，但是再去看的时候，依然无法用眼睛修正错觉。不管看多少次，视觉上的错觉都会占据优先位置。

缪勒－莱耶错觉

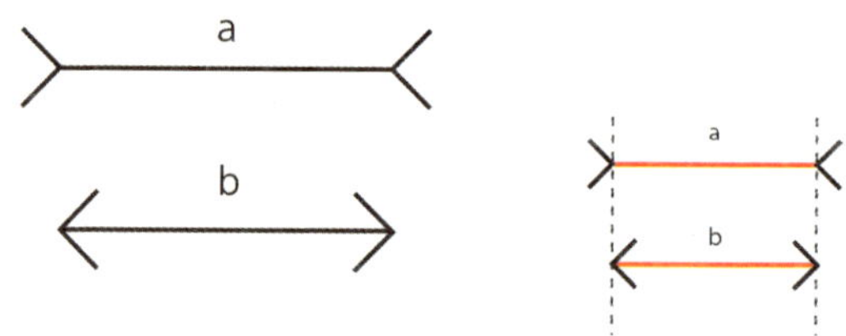

a 和 b 两条线段的长度是完全相等的，但看上去总感觉 a 要长一些。即使心中清楚两条线段一样长，但每次看的时候，还是会觉得 a 比 b 长。

为什么人们会觉得 a 线段长一点？有一种说法是，因为线段两端还有其他线条，看起来有了立体感，以至于其他线条的方向影响了人的视觉判断。线段 a 两端的线条向外延展，让人感觉线段 a 在向两边拉伸；线段 b 两端的线条向内收缩，让人感觉线段 b 好像在向内缩短。有了这样的视觉印象，我们大脑就容易产生线段 a 比较长的错觉。

鲍德温错觉

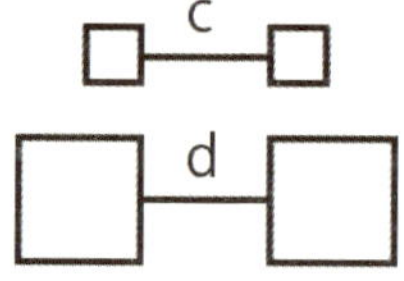

线段 c 和 d 的长度是完全相等的，但线段 d 看起来更长一些。因为线段两端的正方形大小不同，正方形中间夹线段的排列方式让人在视觉上产生了一种纵深感。根据近大远小的思维定势，我们会错误地认为线段 d 比较长。

艾宾浩斯错觉

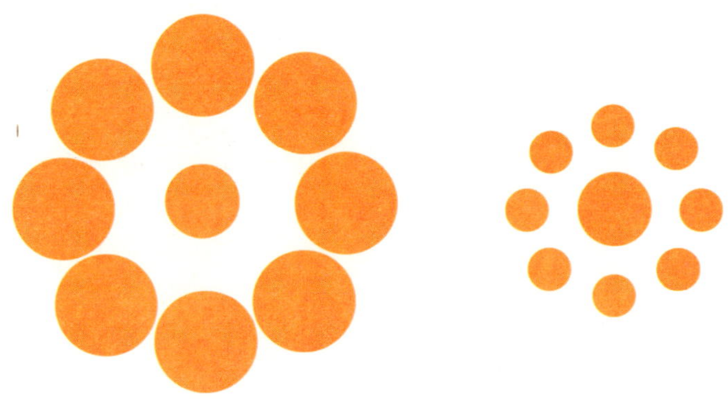

在左右两幅图中，位于中心位置的圆，其大小是完全一样的，但右侧图中圆看起来更大一些。这是由于周围的圆形造成的对比效果，让眼睛产生了错觉。

菲克错觉

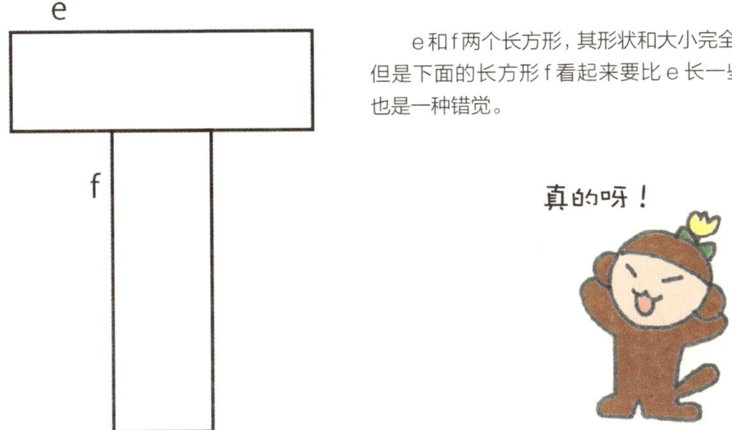

e和f两个长方形，其形状和大小完全一样，但是下面的长方形f看起来要比e长一些。这也是一种错觉。

直觉的误差

错觉②／明暗的错觉、看起来颜色改变了

瓦萨雷里错觉

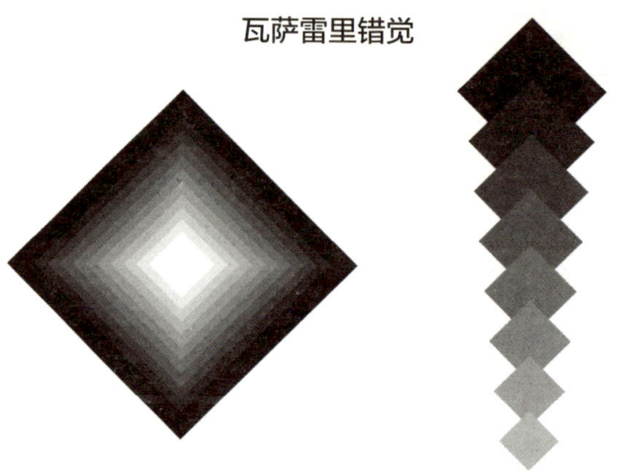

将右侧明暗不同的菱形叠加起来，就得到了左侧的图形。左侧的图中，我们可以看到一个十字星形状。这就是由明暗对比造成的视觉错觉。

积木块错觉

积木块的 i 面和 g 面的颜色是完全一样的，但是，因为它们处于不同的平面，再加上与 h 面的对比，使人的眼睛错误地认为 i 面的颜色要比 g 面浅。

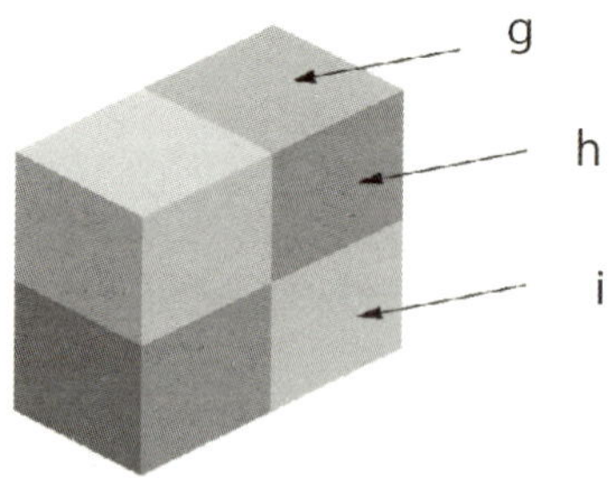

颜色的对比

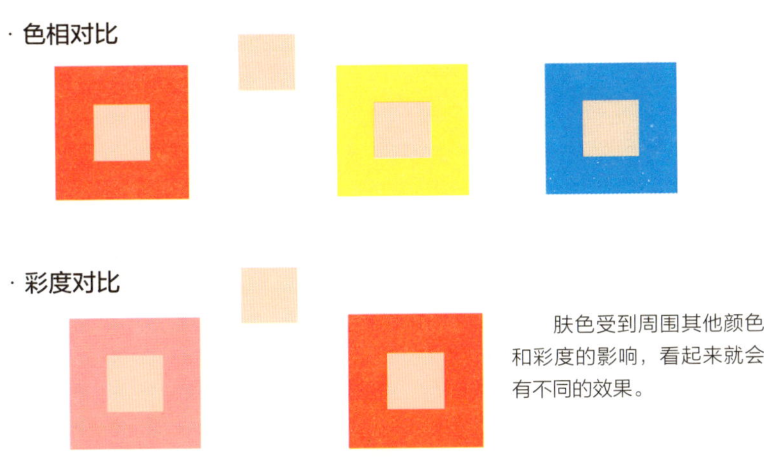

肤色受到周围其他颜色和彩度的影响，看起来就会有不同的效果。

蒙克错觉

在左右两幅黄蓝相间的条纹图案中加入的横向宽条图案的颜色是完全一样的。但受到对比颜色的强烈影响，使得左右两幅图中的横向宽条的颜色看起来差别很大。左侧的倾向于蓝色，而右侧的倾向于黄色。

我们的记忆力有时也靠不住

没有特殊含义的密码，转瞬就会被忘记

讲完了不可靠的视觉，我们再来分析一下自己的记忆力。关于人类记忆的原理，到目前为止还有很多谜题没有解开，但科学家们通过研究，将我们的记忆大体上分为三个阶段，即“瞬间记忆”“短期记忆”和“长期记忆”。只在大脑中停留片刻的记忆叫作“瞬间记忆”；在大脑中短时间停留的记忆叫作“短期记忆”；长时间存储在大脑中的记忆就是“长期记忆”。其实，我们的记忆力远比我们自己想象的要差，我们忘记的事情比记住的事情要多得多。

举例来说，如今互联网已经十分普及，网络购物非常方便快捷，已经成为大众的重要消费形式。在网上购物时，需要用到购物网站和网上银行，而在登录购物网站和网上银行时，需要输入复杂的密码。近年来，由于网络诈骗和恶意软件的兴起，大家都会设置比较复杂的密码以防止账号被盗。那些将数字和字母混合起来的长密码，虽然可以有效地防盗，但也给我们的记忆增加了难度。如果单纯是无序的数字，以我们普通人的记忆力，一般也就能记住 4 位数，短期记忆能记住 7 位数（个人差异为 ±2 位），已经很了不起了。

一项调查结果显示，设置新密码后，有 30% 的人会在一周后将密码忘记。另一项调查显示，3 个月后，65% 的人想不起当初设置的密码。特别是现在出于上网安全的考虑，大家都不敢再用自己的生日数字作为密码，而使用其他不太熟悉的数字的话，很快就会忘记。

那么，我们到底该怎么办呢?

研究人员曾对人们常用的 4 位数字密码进行了调查，结果发现了一个有趣的现象。出于安全上的考虑，具体内容我就不在这里公布了，但 4 位密码使用 3 个不同数字的人比较多，比如“1213”“2899”等。将数字重复使用，

可以让毫无意义的数字变得有节奏感，或读起来朗朗上口，这样就变得相对好记一些。对于一串毫无意义的数字，记忆起来是非常让人头疼的。所以，我们可以利用数字的谐音等，编排一段有趣的话，为毫无意义的数字赋予含义，这样就好记多了。不过，这类密码虽然好记，但安全性较差，还真是难以两全啊！

其实我们并不怎么聪明

错觉造成的行动失误

非常遗憾，我们人类在现实生活中会出现各种各样的错觉。人类并没有自己想象的那样聪明。但麻烦的是，很多人坚信“我很聪明”“我不会犯错误”。其实，这本身就是一种“优越感的错觉”。一项调查显示，有超过 6 成的人认为“自己很聪明”。这种不准确的定位经常导致行动上的错误，有些错误甚至是我们想象不到的。

2011 年，一架从那霸飞往羽田机场的全日空公司的客机，因为副驾驶员按错了按钮，导致飞机以近乎上下翻转的状态从一万米高空俯冲下来。幸好后来副驾驶员及时改正了错误，才没有造成不可挽回的损失。日本运输安全委员会经过调查发现，由于事故机型的方向舵调整按钮的位置和形状与副驾驶员以前驾驶过的旧机型的舱门解锁按钮非常相似，副驾驶员本想解锁舱门，却意外按下了方向舵调整按钮，导致飞机上下颠倒过来。简直难以想象的错误，却真实地发生了。根据以往的统计，飞机事故中有 7 成是由认知失误造成的。

2005 年，J-COM 公司在东京证券交易所创业板上市，日本瑞穗金融的一名证券交易员错把“1 股按照 61 万日元的价格卖出”的指令输成了“以 1 日元卖出 61 万股”。当时，虽然电脑对这个离谱的错误输入发出了警报，但那名证券交易员根本没有理会电脑的警告，坚决执行了卖出操作。结果，仅仅 10 分钟的时间，瑞穗金融就损失了 300 亿日元。那名证券交易员的失误，被称为史上最大的“乌龙指”。

前面介绍的重大失误，并不是特殊的人所犯的特殊错误。我们任何人都有可能成为那类失误的主角。现实的社会生活中，很多纷争也都是认知失误造成的。

我们在对事物做出判断的时候，会发生认知体系上的偏差，行为经济学将其称为“偏见（bias）”。比如，人无意识中都不想遭受损失；见到银行女职员的照片就想申请贷款；不同的标价方式会让人觉得贵或便宜；见到“最后 × 个”的宣传，就会忍不住去抢购……

虽然存在一定的个人差异，但“偏见”中存在一些普遍性的倾向。学习一些我们人类认知的要素和思维的倾向，就能够大体上把握认知“偏见”的普遍倾向，这对我们在经济活动中做出正确判断将大有帮助。关于人类不可思议的经济心理、认知偏见，我将在第一章进行讲解。第二章将为你详细介绍在经济活动中影响我们做出正确决策的判断系统。

当时，
我为什么没有买那只股票呢？
如果当时买了的话，现在……

序章总结

◎人总是去同一家餐馆就餐，是因为人们担心去新的餐馆可能会“有失败的体验”，这是一种“损失厌恶”的心理倾向在作怪。

◎在经典经济学理论中，认为1万日元的价值不会因情况的改变而改变，但在行为经济学中，1万日元的价值会随着情况的改变上浮或下跌。

◎在贷款介绍书中附上银行女职员的照片，可以减轻贷款者的不安情绪，其招揽贷款客户的作用不亚于将贷款利率下调5%。

◎行为经济学研究的重点是现实经济活动中人们的认知倾向和行为特征。

◎现在的行为经济学所发现的各种理论、效应，很多都要归功于普林斯顿大学的丹尼尔·卡尼曼教授和他的共同研究者、斯坦福大学的已故教授阿莫斯·特沃斯基。

第一章
Chapter 1

第一章　不可思议的经济心理

不同的标价方法会让人对商品的价格产生不同的感觉；大部分人都知道储蓄很重要，可真正能存下钱的人却不多；人还会做一些连自己都无法理解的行为……这一章将为你介绍人们不可思议的行为倾向以及影响我们经济活动的不可思议的心理和偏见。

一旦买到手，商品的价值就会上升

禀赋效应①／人对自己拥有的东西，有“过大评价”的倾向

在经济生活中，人们常会做一些理论上无法解释的不可思议的行为。其中之一就是认为“自己拥有的东西更有价值”。美国某所大学曾就此进行了一项实验。研究人员将学生分为两组，其中一组学生每人免费得到一个印有大学校徽的杯子，而另一组学生没有得到杯子。然后，研究人员分别对两组学生进行了调查。首先问第一组学生，如果有人想购买你手中的杯子，打算卖多少钱；之后再问第二组学生，愿意花多少钱购买那种杯子。结果显示，杯子的持有者愿意卖出杯子的平均价格是 5.25 美元，也就是说，低于这个价格他们就不会转让杯子。而第二组学生愿意购买杯子的平均出价是 2.75 美元，也就是说，高于这个价格，他们就不会买杯子。经典经济学的理论认为，“想卖的价格”和“想买的价格”应该是一致的，可是在实际生活中，两个价格几乎相差了一倍。这也正是现实经济生活的有趣之处。对学生来说，印有大学校徽的杯子并不是什么稀奇的东西，而且又是学校免费赠送的礼物，就更不值钱了。可是，一旦他们拥有了这个杯子，杯子在他们心中的价值就上升了，就不会那么轻易地转让给别人了。这就是所谓的“禀赋效应”。

被称为“行为经济学第一人”的杜克大学的丹 · 艾瑞里（Dan Ariely）教授进行了更加深入的调查研究。他把美国的一场非常重要的篮球比赛的门票当作奖品，以抽签的形式发送给很少一部分学生。丹教授想弄清得到门票后，门票在这些学生心中的价值。为此，他给拿到门票的学生打电话询问：“你最低可以以什么价格转让手中的门票？”他也给没有得到门票的学生打电话，问道：“你愿意花多少钱买一张门票？”

丹教授总共打出了 100 多个电话。最后，教授对没有得到门票的学生的回答进行了统计，发现他们愿意以大约 170 美元的价格购买门票。他们定出这个价格的根据是去酒吧看篮球比赛转播时所花的酒水费用，在此基础上做些调整，就得出了一张门票 170 美元的价格。而另一方面，得到门票的学生提出的卖价竟然是 2400 美元。他们定价的根据是，这场篮球比赛非常重要，将在自己的人生中留下美好的记忆，因此卖价才会这么高。对比来看，卖价几乎是买价的 14 倍，这个差距还是相当惊人的。特别是像体育比赛的门票、能给人留下美好回忆的商品，人一旦拥有就会大大提高它的心理价值。而且，让他们卖掉门票的时候，他们会感到格外悲伤，还会加一些“精神安慰费”在门票价格中。

如果让你把彩票转让给别人，你会卖多少钱？

禀赋效应②／彩票的禀赋效应

在前一小节中，你已经看到了当人拥有某个东西之后，就会觉得它很有价值的一种心理效应。但是，可能有些读者朋友会有疑问，像篮球比赛的门票这种商品的个人喜好性太强，喜欢看篮球比赛的人可能会觉得它很有价值，但对不喜欢看篮球比赛的人而言，没准白送给他都不要。那么，我们就找一个和金钱有直接联系的物品来做实验，看看它在人们心中的价值会有什么样的变化。

“假设你花 300 日元买了一张彩票，等待开奖日的到来。可是，在开奖之前，有人提出要买你的彩票。如果不考虑人际关系的因素，单纯只给这张彩票设定一个心理价格的话，你认为应该是多少钱呢？”

研究人员一共对 659 人（男性 465 人，女性 194 人，都在 20 ~ 79 岁之间）进行了这项调查。经过统计，发现人们愿意转让这张彩票的平均价格是 1180 日元。经过更仔细分析，得出人们对这张彩票中奖金额的期待值是 500 ~ 1000 日元（包含购买彩票的价格），然后为了弥补失去中奖希望的失落感，再上浮适当的金额（相当于转让篮球比赛门票时的精神安慰费），就得到了转让彩票的心理价格。原本花 300 日元买到的彩票，愿意卖出的价格却上涨到了 1180 日元，是原购买价格的 3.9 倍。在这个调查中，还有一项有趣的发现。女性的平均转让价格是 830 日元，而男性的平均转让价格达到了 1326 日元。男女的转让价格存在较大的差异。虽然仅根据这项调查的结果还不能下定论，但至少我们看到了某些倾向，那就是禀赋效应也存在男女差异，而且禀赋效应对男性的作用更大。

在现实中，根据真实数据的统计，300 日元一张的彩票，除去购买费用、税金之后，一张彩票的平均中奖期待值只有 145 日元。但是，买彩票的人大多是抱着中大奖的期望去买的，所以彩票的实际价值和禀赋价值之间才会出现如此大的差异。

拥有一个东西，

我们就会觉得它有较高的价值。

300日元买的彩票，如果让你卖掉的话，你会卖多少钱？

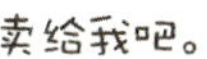

结果，平均转让价格达到了1180日元，是原购买价格的3.9倍。

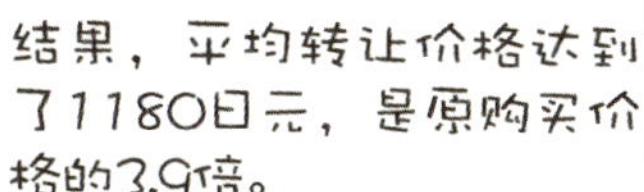

而且，这种禀赋效应在男性身上体现得更加明显。

女性 830日元

男性 1326日元

人际关系更重要。

所以，妻子弄坏家里的东西，老公总会火冒三丈……

1980日元的魅力

尾数价格／让人有降价的感觉

在超市或商场中，我们经常能看到“1980日元”“19,800日元”之类的价签，这叫作“尾数价格”。你别小看这样的数字，它们暗含了很强的心理效应，能够极大地激发消费者的购买欲望。拿“1980日元”来说，它只比“2000日元”便宜了20日元，用比率来说，1980仅比2000少1%。但是，消费者心里会觉得，这个商品只卖1000多日元，比2000日元要便宜很多。而且，消费者还会主观地推测：“卖1980日元的话，是不是降过价啊？”

其实，类似的标价方法不仅存在于日本，世界各国的商家都在使用。美国的大超市中经常出现，欧洲的市场上也能见到，只不过使用的数字和日本稍有差别，这是文化背景的差异造成的。在欧美，商家多用“1.99”之类的数字为商品标价。而在日本，价格尾数多用“8”“80”这样的数字。首先，日本人对谐音很敏感，“8”的发音好听，说出来也流畅。“9”在日本就不如“8”那么受欢迎，首先，“9”给人的感觉接近“10”，有点压迫感；再有，“9”的发音也没有“8”好听。此外，“8”在日本汉字中的写法是“八”，形状上有“开口不断扩大”的意味，给人“路越走越宽”的感觉。因此，“8”这个数字在日本从古代起就很受欢迎，渐渐地融入了人们使用数字的习惯。

也有朋友会问，像“1988”“1998”这样的数字不是更能让顾客从直觉上感到“便宜”吗？但是，这样的数字相对比较复杂，顾客还要费脑筋去计算便宜了多少，不如“1980”那样简单、直观，所以还是“1980”使用得多一些。

下一年度的政府预算是98兆9800亿日元，请大家表决。
感觉降价了呢。
嗯。
通过啦！
终于通过了！
啪啪
啪啪
啪啪
啪啪
便利店的198日元
2个
198日元
198日元
超市的19,800日元等标价，叫作“尾数价格”。
这台19,800日元。
哇！
¥19,800
尾数价格能让顾客心里感觉很便宜。
200日元
198日元

人总是抵挡不住红色价签的诱惑

红字效应／写价签最适合的颜色

在日本超市中，最常见到用红笔写的价签。为什么非要用红笔写价签呢？也许你会认为“红色最醒目，从很远的地方就能看到”。没错，红色醒目是原因之一，但不仅仅如此。下面我就来仔细分析一下。第一，红色非常醒目，“诱目性”很强，在超市琳琅满目的商品中，红色能够瞬间吸引顾客的注意；第二，用红笔写的价签，会让顾客无意识地联想到这种商品是“赤字”商品，即超市卖这种商品是赔钱的，所以买它就等于捡了便宜；第三，红色还具有使人感情兴奋、催促人采取行动的心理效果。当顾客心中正在犹豫“怎么办？我到底该不该买它”的时候，见到红色的价签，也许一冲动就将其放进了购物车。综合上述各种因素，我们可以发现，红色是最适合用来写价签的颜色。

研究人员还发现，人们普遍对红色反应强烈，但对红色的反应存在男女差异。女性的反应要更强烈一些。女性原本就比男性对颜色更加敏感，尤其是红色。至于其中的理由，是很复杂的，但主要的说法有两种。第一种说法是，人类在从灵长类动物逐渐进化成人的过程中，男性负责狩猎，女性负责采摘成熟的果实。而果实成熟的标志就是变红，所以女性对红色特别敏感，这是人类进化的结果，即女性先天就对红色敏感。第二种说法是，女性对红色敏感是后天造成的。因为一般的父母从小就会给女儿买红色、粉红色的衣服和玩具。因为接触得最多，所以女性对红色的辨别能力最发达。我自己也通过实验和调查在一定范围内进行了验证，发现上述两种解释都有道理，而且实际应该是两者共同作用的结果。不过，现实中还是存在一定的个体差异。

不管怎么说，去超市购物的人还是以女性居多，所以用红笔写价签，促销效果非常值得期待。

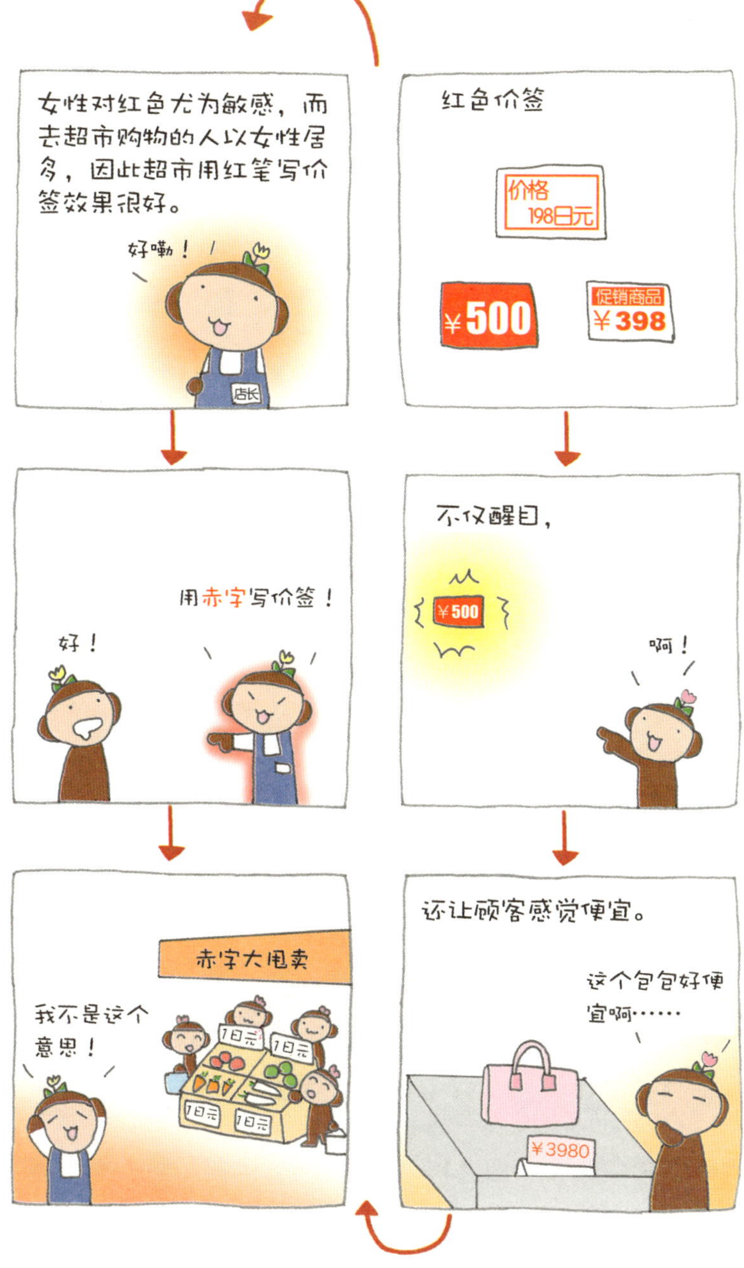
红色价签
价格
198日元
¥500
促销商品
¥398
不仅醒目，
¥500
啊！
还让顾客感觉便宜。
这个包包好便宜啊……
¥3980
女性对红色尤为敏感，而去超市购物的人以女性居多，因此超市用红笔写价签效果很好。
好嘞！
店长
用赤字写价签！
好！
赤字大甩卖
1日元
1日元
1日元
1日元
我不是这个意思！

人们都喜欢“竹子”

比较价格／人会选择中庸

人们都喜欢“竹子”。不过，这里所说的竹子，不是熊猫爱吃的竹子，而是寿司店的菜单上所写的“松、竹、梅”的“竹”。日本的一些寿司店会按照价格将菜品分类，最贵的就归入“松”类，价格中等的归入“竹”类，而最便宜的就是“梅”类。很多朋友认为，当人看到菜单中的菜品价格差距较大时，选择的标准是“当时的心情”或“个人的价值观”。比如收入不太稳定的人群，如果最近的收入较高，就可能点比较贵的菜；如果最近收入不多，则会点比较便宜的菜。那些坚持“一分钱一分货”“便宜没好货”价值观的人，会一直点比较贵的菜；而追求实惠的人，一般会点价格低廉的菜。这些现象确实存在，但是，还存在一种更加强有力的心理倾向影响着人们对菜品的选择，这种倾向便是在三个选项中，选择“中间”那个。

其实，这种心理倾向的深层原因还是序章中介绍过的“损失厌恶”“不想蒙受损失”的心理。在这种心理效应的作用下，人们一般都会认为价位中等的商品，从性价比上来说是最划算的。如果点最便宜的菜，可能会很难吃；而点最贵的菜，如果味道不好，又不值它的价格。人们都不想冒险，于是不知不觉就做出了“最安全”的选择，即点价位中等的菜品。

我曾经对日本首都经济圈和大阪市的100家提供套餐酒席服务的餐馆进行了调查，目的是了解最畅销的宴会套餐是哪一种。结果发现，那些只提供两种套餐的餐馆，不管是贵的套餐还是便宜的套餐，顾客的选择都没有明显差异，人数相差不多。这说明，在只有两个选项的情况下，人们会根据自己的经济情况进行选择。可是，在提供高、中、低三档套餐的餐馆中，中档套餐的选择率非常高，比例高达85.7%。尤其是团体宴会，订餐的人会更加谨慎，因此多会选择比较安全的中档套餐。还有一个有趣的现象，那便是不管是“2000日元、2500日元、3000日元”的便宜餐馆，还是“6000日元、7000日元、8000日元”的高级餐馆，都是中间那种套餐被选择的比例最高，并且这种现象不存在明显的地域差异，在全日本都差不多。

我是经济犬，

我会合理地思考，从不会做错误的选择。

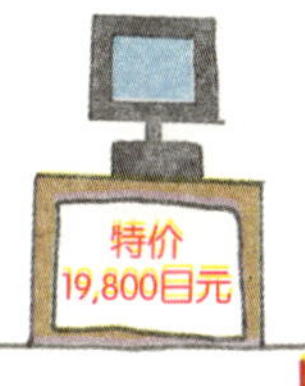

遇到有“松、竹、梅”可供选择的时候，一般人常会选择“竹”。

松……3000日元
竹……2500日元
梅……2000日元

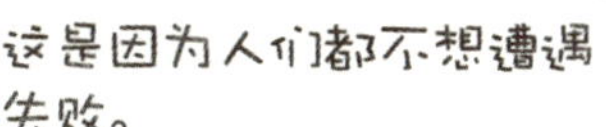

松……价格高，如果味道不好的话就不划算了。
竹……价格中等，选择它会比较安全。
梅……价格便宜，便宜没好货。

而我会合理地分析思考，所以有的时候我也会选“松”。

松……成本率35%
竹……成本率30%
梅……成本率28%

可是，我是家里的长子，没人愿意和我谈恋爱……

电视购物中同一商品总会提供多种颜色供顾客选择

激起顾客选择的欲望，就等于激起购买的欲望

我曾经为企业做过商品策划工作，那段时间，一位电视购物频道的负责人给我讲了一个关于商品颜色设计的有趣现象。“同一商品提供 5 种颜色供顾客选择，就会很畅销。”像钱包、日用品等比较小的商品，可以提供“红”“黄”“蓝”“绿”“黑”等反差较大的几种颜色；而皮包等较大的商品虽然也提供多种颜色，但一般只有“黑”“灰”“深棕”“浅棕”“卡其色”等反差不太大的几种颜色。虽说减少商品颜色的种类可以节约成本，但是提供多种颜色给顾客选择，能够大大提高销量，哪怕是相近的几种颜色也没有关系。也许有人会担心，提供多种颜色供顾客选择，那会不会出现某些颜色卖到脱销，而有些颜色根本无人问津的情况呢？可能会出现这种情况，但只要总体有利润就可以。

其实，提供 5 种颜色的商品供顾客选择时，并不强求每种颜色都畅销。只要有一种颜色特别畅销，就能赚钱。问题的关键在于给顾客提供选择的机会，把选择的权利交给顾客，激发他们选择的欲望。即使顾客一开始并不想买那种商品，但是看到有几种颜色可以选择时，也许就会参与进来。“如果是我的话，我会选择这个颜色。”结果，就真的对这个商品产生了兴趣，最后出手买了下来。“如果是我的话……”有了这句话，说明顾客已经参与进来。如果再说出“我会选这个颜色”，那离他掏腰包就不远了。

提供多种颜色供顾客选择也分几种情况，有时是为了满足顾客对不同颜色的需求，不同颜色商品的地位是平等的。有时则是为了突出某一种颜色的商品，故意准备一些陪衬性的颜色，目的是为了让主力商品显得更加突出。

如果只提供两三种颜色，那么可能无法覆盖更多顾客的喜好；但如果提供七八种甚至更多的颜色，容易让顾客挑花了眼，从而放弃选择。如果是顾客可以慢慢选择的销售模式，多提供几种颜色都没关系；但如果是电视购物，顾客只有短暂的选择时间，那么建议提供 5 种左右的颜色就够了。

在电视购物节目中，
电视购物
同一种商品提供5种颜色供顾客选择的话，一般会比较畅销。
我们为你准备了5种颜色。
“如果是我的话……”这句假设，
我会选粉红色……
往往会变成“我也想买一个”。
粉红色的真好看，我也想要……
喂！我买一个粉红色的。
喂！你不要看一次买一次好不好！
哇！好漂亮！

为什么按摩服务都是按时间收费的？

主观的价格观念／人们不愿为熟练的技术埋单

让人们准确地理解一种商品或服务的价格，可不是一件容易的事情。我经常听人抱怨说："我们公司的老总，对商品设计的重要性缺乏认识，根本不愿为设计花钱。"这绝对不是个别案例。不管是经营者还是消费者，当看到商品实物时，首先想到的就是它的原材料费用、人工费用等有形的成本，如果原材料较贵、所耗人工更多，会感觉这种商品"价值不菲"，消费者也愿意为见到的实物掏腰包。而与此相对，像做设计这种技术性的工作，因为比较抽象，人们容易觉得做设计很简单，所以不愿意为其埋单。

同样，对于按摩这种技术活，人们也不愿意掏太多的钱。举例来说，假设一名经验丰富的高级按摩师，可能只需要按摩 5 分钟就可以帮顾客消除疲劳，但如果换一名新手按摩师，可能他拼命努力也要半小时才能达到高级按摩师 5 分钟的效果。可奇怪的是，虽然两者最终的效果相同，但新手按摩师半小时的按摩更令顾客满意。与技术的熟练程度相比，努力和付出的时间更容易让顾客满意，这也是按摩店都按服务时间收费的原因。实际上，每个顾客的症状不同，本应该根据顾客的症状选择不同的按摩方式和时间，但为了让顾客获得更高的满足感，采用按时间收费便成为最好的办法。

开锁匠这一职业也存在类似的问题。一名技术高超的开锁匠，在几秒之内就能帮顾客打开门锁。可是，一名技术不熟练的开锁匠可能需要几分钟甚至更长时间才能打开门锁。但是，顾客对后者更抱有好感，因为他们觉得后者更用心、更努力。实际上，迅速打开门锁可以为顾客节省更多的时间，其实是更有利的，但尽管如此，顾客还是会更加感谢花时间长的开锁匠。此外还有一种说法是，人们之所以不愿意为熟练的技术工作付高价钱，是因为内心深处隐藏着一种对技术熟练者的嫉妒心理。

人们愿意为别人的努力花钱，
这个锁……哎哟，怎么这么难开。
真不好意思。

但不愿意为别人的技术掏腰包。
手到擒来！请付5000日元。
哼！

与时间很短的点穴按摩相比，
你已经没事啦！
哎哟
哎哟
哗

慢慢地做全身按摩，
嘿哟
嘿哟
舒服

更受顾客欢迎。
?
我选这个。

真正的按摩高手，会故意偷懒。
吧唧
吧唧
zzz-

“一分钱一分货”的心理原因

光环效应／外观和气氛会影响人们的判断

某人学历高，外语也说得流利，于是，我们都认为他能力强，甚至会感觉他的人品也一定错不了。在商业宣传上，很多企业会聘请形象比较正面的明星作为公司的代言人，运作好的话，确实可以大大提升企业在公众心目中的形象。而实际上，学历与一个人的人品没有直接关系，明星与企业及其产品的性质也没有必然联系。可是，人们还是容易将两者联系起来。在心理学上，这种现象被称为“光环效应”。由于受到事物背后的光环的影响，人们对事物的判断出现了偏差。

在经济活动中，我们也常能见到光环效应的身影。比如，你在餐馆就餐时，点了店里推荐的高级菜品后，大多数情况下品尝后都会觉得很好吃。这是因为，高昂的价格就是这道菜背后的光环。点了这道高级的菜之后，你就已经戴上了一副有色眼镜，认为“这么贵的菜，一定很好吃”。不仅如此，人还有一种心理倾向，即不愿意在心里抵触说“这个味道不值这个钱”，而更容易按照它的价格主观地设想它的味道，“感觉上，确实很好吃”。由此可见，饭店可真是一个危险的地方。店内装潢、照明、气氛、背景音乐、顾客档次、服务员的服务等方面，处处都给你设置了陷阱，让你最后非要给他们一个好评不可。

在化妆品领域，也存在类似的心理效应。很多女性朋友坚信“价钱贵的化妆品一定好用”的原则，所以在选购化妆品时，经常忽视产品的性价比而“只买贵的”。因为看准了消费者的这种心理，所以有些化妆品生产商并不是根据一款产品的成本、广告费用、利润等因素来决定产品的销售价格，而是预先设定一个销售价格，然后根据这个价格反向推算该产品的成本、广告费等各项费用。

价格高的菜就一定好吃?
真好吃!
除了原材料好之外,
神牛!
消费者大脑中"一分钱一分货"的观念也起了很大的作用。
价格高的应该错不了。
高的东西
就好吃。
烫死啦!
那家伙是白痴吗?
猴子终归是猴子啊。

存得住钱的人和存不住钱的人

维持现状偏见①／与未来的价值相比，人们更倾向于选择现在的价值

近些年来，“月光族”的人数在不断增加。虽然不能说他们是爱奢侈浪费的人，但他们有钱总会花光，根本存不下来。据调查，在日本，储蓄为零的家庭有逐年上升的趋势，2013年这种零储蓄家庭的比例竟然达到了31%。当然，日本近年来的储蓄率整体都很低，日本内阁府公布的数字显示，近几年来日本家庭的储蓄率下降速度相当惊人。有人说这是“因为日本经济不景气，家庭收入减少”。当然，收入的减少确实是一个重要的原因。但是，收入低的日本人也有能存下钱的，收入高的人中也有“月光族”存在。存不住钱的人大体上有一个倾向，那就是他们认为应该先花钱满足自己的生活需要，能剩下钱的话，再存起来就好。可是，当他们看到有钱剩下时，就又想进行消费。所以，这样是很难有存款的。人有各种各样的类型，其中“现状偏见”比较强的人，不太容易存住钱。所谓现状偏见，是指与未来可能得到的收益或可能实现的目标相比，人们更看重眼前的利益。这种现状与未来的偏见，就叫作“现状偏见”。

为了帮助大家计算自己的现状偏见，我先来提一个问题：“假设你现在可以得到1万日元，但如果你现在不要，愿意等待的话，1年后会得到更多的钱。那么，1年后给你多少钱，你才会愿意等这1年呢？”

回答5万日元的人，1年后他所获得的1万日元，在他的心中只相当于现在1666日元的价值；回答3万日元的人，1年后的1万日元相当于现在2500日元的价值；回答1.5万日元的人，1年后的1万日元相当于现在4000日元的价值。也就是说，希望1年后得到更多钱的人，他们会把重点放在现在的价值上，而对未来的1万日元，则会感觉很廉价。换句话说，通过储蓄得到的未来的价值，在他们眼中并不值钱，所以他们不愿意进行储蓄。

喂!猴子!
什么事?
我给你1万日元!
太走运啦!
等等,如果你能等1年的话,我会给你更多的钱。你希望1年后得到多少钱?
这个……
嗯,5万日元如何?
1年后你得到的1万日元,在你心目中的价值是……
1万日元 / (1 + 5万日元 / 1万日元)
=1666日元
咕(吞口水声)!
你就是个不会攒钱的家伙!

节约的天敌是什么？

维持现状偏见②／害怕改变现状的心情

移动电话运营商或网络服务商经常接连不断推出新的资费套餐。在激烈的市场竞争中，他们这么做是想更加牢固地抓住现有客户。慢慢地，我们一直使用的资费套餐和新推出的套餐之间就会出现差距，相比之下，肯定是新推出的套餐更便宜一点。按常理来说，我们应该更换新套餐，因为会更加划算。但是，对于更换新的资费套餐，很多人态度不是很积极。这是为什么呢？

这是因为在人的心中有一种“维持现状偏见”的心理在起作用。所谓维持现状偏见，是指虽然知道改变现状可以获得收益，但人们对于改变常会怀有不安或不自在的心情，于是最终选择了维持现状。也有人会给自己找借口说：“换新套餐还得重新办手续，太麻烦。”其实，这只不过是给自己“维持现状偏见”的心理找一个借口罢了。维持现状偏见是节约的天敌！其实大家都知道，要想省钱，应该“换成更便宜的新资费套餐”，“不需要的服务应该尽早解约”，但我们迟迟不愿意采取行动，这就是维持现状偏见的心理在作怪的结果。学习了行为经济学之后，我们应该认识到这种偏见的存在，鼓起勇气改变现状，这样才能减少不必要的浪费。

还有一些“禁忌”“习惯动作”也是和维持现状偏见相似的心理效应。所谓禁忌，就是以防止带来厄运为借口不愿意做一些事情。比如，有的人认为穿鞋一定要先穿右脚的鞋；参加比赛踏进体育场的时候一定不能右脚在前；有些棒球运动员在击球之前会做一连串习惯性动作，就像祈祷一样……其实，与其说他们是为了取得胜利而祈祷，不如说他们是害怕改变这种习惯会招致失败。

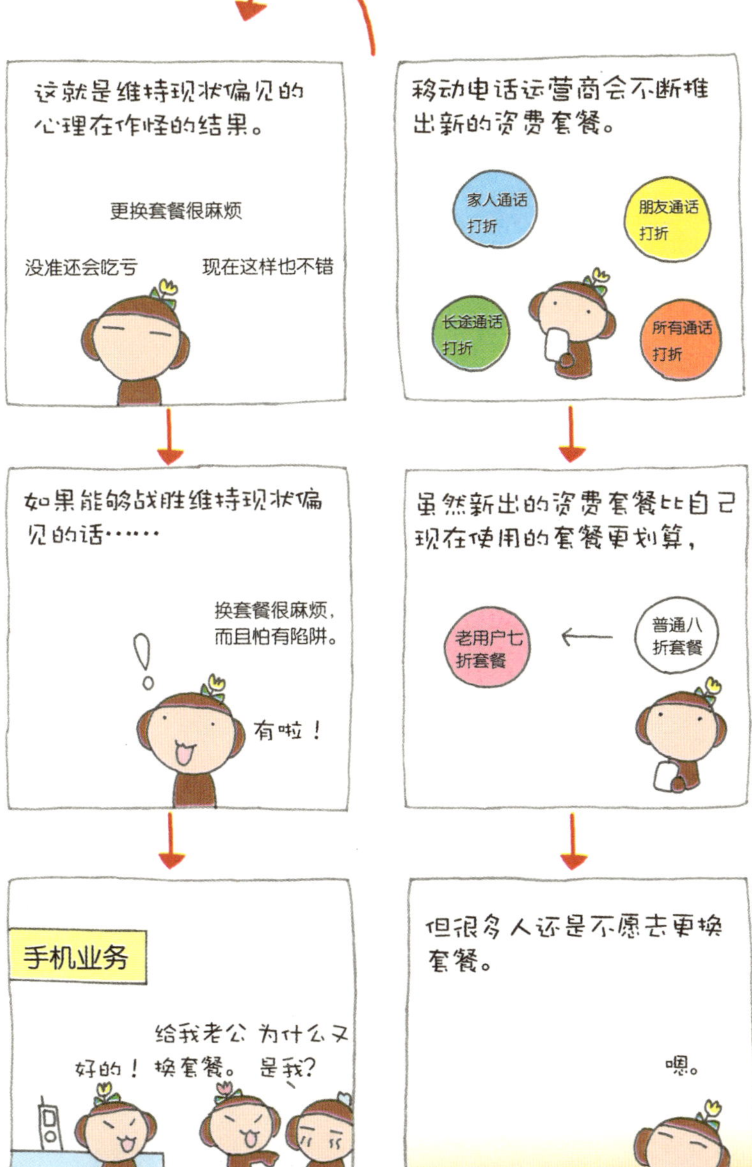

移动电话运营商会不断推出新的资费套餐。
家人通话打折
朋友通话打折
长途通话打折
所有通话打折
虽然新出的资费套餐比自己现在使用的套餐更划算，
普通八折套餐
老用户七折套餐
但很多人还是不愿去更换套餐。
嗯。
这就是维持现状偏见的心理在作怪的结果。
更换套餐很麻烦
没准还会吃亏
现在这样也不错
如果能够战胜维持现状偏见的话……
换套餐很麻烦，而且怕有陷阱。
有啦！
手机业务
给我老公换套餐。
好的！
为什么又是我？

金钱能解决一切问题吗?

市场规范与社会规范/两套规范制造的困境

美国杜克大学的丹教授说，我们所生活的社会存在两套规范，一种是规范人与人之间的关系和行为的社会规范；另一种是规范买卖、工资等经济行为的市场规范。丹教授还告诉我们，这两种规范不可共存。先举个简单的例子，假设你在乘坐地铁的时候，主动把自己的座位让给了一位老人，老人对你表示感谢，并对你称赞有加（社会规范），你会感到非常满足。但是，如果那位老人给了你500日元作为酬谢（市场规范），你会做何感想呢?你肯定会感觉很不舒服，心想："我那么好心让座位给你，你却如此对我。"特别是当谢礼的数额很小时，两种规范都有可能被打破。

美国加利福尼亚大学的尼基教授和明尼苏达大学的鲁斯提里尼教授曾经就社会规范和市场规范能否并存的问题在以色列的一家托儿所进行了有趣的实验。做实验之前，下午放学时，接孩子迟到的家长都会感到非常愧疚，因此大多数家长为了避免心中产生这种愧疚感，都会尽量不迟到。教授们所做的实验是，对那些接孩子迟到的家长进行惩罚，即托儿所要对他们处以一笔罚金。结果，迟到的家长反而增加了，这是因为在家长心中，约束接孩子这一行为的规范由社会规范变成了市场规范。他们迟到的话，只要缴纳罚金，心中就不会有任何愧疚感了。后来，托儿所又停止了迟到罚款的制度。本以为这样一来，家长们接孩子迟到的情况会回到以前的水平，可是在现实中，家长们迟到的情况并没有好转。由此可见，当社会规范和市场规范并存时，社会规范就会败北。不仅如此，社会规范还可能完全消失，无法恢复。

上述两种规范的原理，同样适用于人们的工作动力。美国曾经实施了一项将教师的薪水与学生成绩挂钩的政策，即"学生成绩好，教师的工资就高"。结果，这项政策让那些专心于教育的教师非常失望，时间一长，教师的整体素质都下滑了。对于出于社会性动机努力工作的人，如果跟他们谈金钱，他们最初的社会性动机就会消失。

日本的一些企业曾经引入了西方的按业绩进行奖励的工资制度。但是，经过实践检验发现，这种激励制度的效果并没有想象中那么好，原因之一就是社会规范和市场规范混在了一起。特别是对于像日本这种社会规范意识非常强的民族，这种激励方法更难奏效。比较低的奖励报酬不仅无法激发员工的干劲，有时甚至还会打消他们原有的工作热情。很多人努力工作的原因不全是为了钱，还为了“受到上司的表扬”“让别人认可自己的才能”“被大家重视”等。所以，对于企业来说，还要重视员工的这些社会性工作动机。

曾经有一家企业在过新年的时候给每位员工发了一张附有食堂餐券的贺年卡，每张餐券的价值只有500日元。但是，这一举动让员工感受到了企业对自己的重视。设想一下，如果该企业直接给每位员工发500日元的奖金，那效果远远不如之前的做法。那张附有餐券的贺年卡大大地提高了员工的士气和对企业的忠诚度。由此可见，金钱并不能解决一切问题。如果让员工只为金钱工作，那么，他们只会做与自己薪水相当的工作，很难付出更多。而且，长此以往，员工们也就不再追求社会性的喜悦感了，他们会彻底变成冰冷的被经济利益驱使的人。

驱使他人的有效方法是什么？

替代报酬／要想驱动他人，报酬是必不可少的

我有一个朋友在一家大型体育场馆运营公司工作，我从他那儿听到一件有趣的事情。在他们公司中，除了专业体育教练之外，大部分员工都运动不足。于是经营者就想，有没有什么好的办法鼓励员工多做运动呢？确实，一家从事体育相关业务的公司，如果员工个个肥头大耳、膀大腰圆的话，的确有损公司的形象。经营者想出了一个办法，即给每位员工配发了一个计步器，目的是鼓励他们多走路。可是，对于这一措施，员工们似乎没有什么热情。走路锻炼的人相比以前并没有增多，发给员工的计步器也大多被束之高阁。

散步锻炼是有收益的，比如"健康"。但是，与"健康"这个好处相比，"需要花很多时间""还要换运动鞋""走路很痛苦"等缺点，让员工们对散步锻炼望而却步。与长期效果相比，人更倾向于追求短期效果。因此，需要长期坚持才能见到效果的"健康"，往往很难打动人。

这时，要想驱动人行动，就需要"替代报酬"，即要让人感受到做这件事比不做这件事更有好处，能够获得更多的利益。德国大众公司曾经提出一个想法，让无聊的事情变得有趣，就可以改变人们的行为，并实施了一项名为"The Fun Theory"（乐趣理论）的计划。比如，在公园里设置"世界上最深的垃圾桶"。当人们把垃圾丢进这个垃圾桶之后，垃圾桶中隐藏的喇叭会播放一段音效，模仿的是物体从高空坠落的声音，让人感觉这个垃圾桶真的好像一个无底洞。结果，这个垃圾桶收集到的垃圾是普通垃圾桶的两倍。大众公司还在瑞典的一个地铁站设计了一处音乐楼梯，楼梯的外观就像钢琴键，人踩上去就会发出琴键弹奏的声音。这个简单的设计大大减少了人们使用电梯的比例，让心甘情愿爬楼梯的人增加了66%。

前面提到的那家运营体育场馆的公司，给员工配发计步器是个好主意，但是，仅靠一个计步器，似乎对员工的刺激度还弱了点。最好是巧妙地做一下设计，让员工们体会到步行锻炼的乐趣，最好是能让他们热衷于步数的累积。于是，该公司在内部网站上连载了一系列宣传步行锻炼好处的文章，以激发员工对这项运动的热情。不仅如此，还发布了一些介绍计步器使用方法的文章，员工们看后都跃跃欲试。公司还推出了竞赛计划，比比谁走的步数多。结果，几个月后，每天带着计步器坚持步行锻炼的员工逐渐增多。该公司所做的如上一系列举措就是在实践“替代报酬”。

相反，如果不想让人去做某件事，可以通过惩罚来进行控制。当人们发现自己所做的事情不仅没什么收益，还会导致周围人对自己的评价降低，甚至还有可能遭受处罚时，自然就会停手不做了。

大钞尽量不要换成零钱

对浪费的防卫对策

假设你的钱包中只有一张面值1万日元的大钞，可是恰好在这个时候，你口渴了，你会不会冲进便利店，用那1万日元的大钞买1瓶饮料呢？也就是说，你愿不愿意把那张大钞换成零钱呢？遇到这种情况时，很多人都不太愿意把大钞换成零钱。经典经济学认为，1张面值1万日元的大钞，和9840日元的零钱加1瓶160日元的饮料的价值是相等的。但是，现实情况和经典经济学理论是有出入的。9840日元的零钱加1瓶160日元的饮料，其价值远不及1万日元的大钞高。对于将1000日元面值的钞票换成零钱，相信没几个人会有抵触情绪，但换作面值1万日元的大钞，情况就不同了，很多人非常不愿意把它换成零钱。

有多少人不愿意把大钞换成零钱呢？这种抵触的情绪又有多强呢？有人曾经做了一个实验。实验人员让被实验者只带1张面值1万日元的钞票去体育场中练习长跑。等他们感到口渴时，看谁愿意用1万日元钞票去买150日元1瓶的饮料。结果，参加实验的4名男性，在休息时间很自然地就去买了饮料，把1万日元的大钞换成了零钱。而参加实验的4名女性，没有一个人去买饮料。她们并不是不感到口渴，其实4名女性中甚至有人已经走进便利店并把钱包拿了出来，但是看了看钱包里的1万日元钞票，又看了看饮料，最终还是忍住没买。从这个实验我们可以看出，不愿意把1万日元大钞换成零钱的心理，女性要比男性强烈。一旦把大钞换成零钱，心里想节约的那道防线就会被突破，钱就会被不知不觉地花出去。由此可见，“损失厌恶”的心理也是女性比男性强。另外，不愿意把大钞换成零钱的原因还有一个，就是钱包里有1张1万日元的钞票能给人带来安全感。1张1万日元的钞票要比10张1000日元的钞票更能给人安全感。对于这种安全感，人是不愿意轻易放手的。

手里只有1张1万日元面值的钞票，人不太愿意花它。
嗯。
10000
1万日元
这种心理倾向，女性比男性更强。
我随便花。
我不想花。
如果买东西的时候，

女人不想把大额钞票破成零钱，
还差235日元……
！
聪明的男人应该帮她付零钱。
哇！
给你。

也许这样就能让她高兴……
只花235日元就可以……
谢谢！
小气鬼！要付就全付了啊！

为什么人一看见迪亚哥的产品，就想买来收藏呢?

活用行为经济学的成功经营模式①

每当看见迪亚哥（DeAgostini）国际出版集团出版新系列的分集读物的广告时，很多人就会忍不住想：“这个我好想买一本啊！”迪亚哥国际出版集团以分集读物的形式，每周或者双周出版杂志，可以让青少年轻松地学到各种知识。每本杂志都附送模型的零部件，当读者把整个系列的杂志都买齐后，就可以拼出一个完整的模型来。比如城堡、战舰、火车头、摩托车的模型，还有组装的小型机器人、3D 打印机等。总之，他们为读者准备了各种各样具有吸引力的模型产品。迪亚哥国际出版集团的业务已经拓展到全世界 33 个国家，不仅在日本非常受欢迎，在其他国家也受到广大读者的追捧。那么，迪亚哥国际出版集团出版的杂志为什么如此富有吸引力呢？其实，该出版集团实行的是一种运用了很多行为经济学理论的经营模式。那么，我们就来具体分析一下其中到底运用了哪些行为经济学理论。

1. 单纯接触效应（又称曝光效应）

迪亚哥国际出版集团新杂志的创刊号发行前，一般都会做“地毯式的广告”，让人反复看到他们的广告。不只是有这方面爱好的人，就连普通消费者都会觉得：“这个看起来不错嘛。”当人反复接触某一事物时，容易留下深刻的印象，也容易对其产生好感。当人们反复看到迪亚哥杂志的广告之后，购买的欲望就被激发出来了。

2. 价格的锚定效应

迪亚哥国际出版集团的高明之处还在于对杂志创刊号的定价策略以及凸显价格的方法。普通迪亚哥杂志的定价是 1850 日元，但唯独创刊号是半价，即只卖 925 日元。而且销售时，他们先告诉读者普通杂志的售价，然后再说明这本创刊号半价出售。人第一眼看到的价格，会在心中成为一个衡量标准，然后再看到半价的定价后，就会感觉异常便宜。所以，人们在了解了普通迪亚哥杂志的定价后，再看到创刊号半价出售，心里都会想："真是太便宜了！我想买一本。"这就叫作价格的"锚定效应"（关于锚定效应，将在第二章中做详细讲解）。

3. 用系列产品俘获收集欲望很强的男性的心

迪亚哥国际出版集团出版的杂志中附送的模型商品有坦克、城堡、摩托车、战舰、动漫游戏英雄人物等，这些对于很多男性来说非常具有吸引力。其实，把收集欲望很强的男性作为目标消费群体，比以女性为目标更有效。因为很多男性对于模型的魅力难以抵挡，总想把它们收集齐。另一方面，女性对于"购买"这个行为本身非常热衷，也能从这个行为本身获得快乐，但男性的购物倾向则有所不同，他们喜欢"收集"，即使买来不用，也想把它们收集齐。

4. 物以稀为贵的原理

在书店中，创刊号的杂志有很多，但是，随着后面几期的发行，创刊号只会越来越少。很多人想从第一本创刊号开始，把整套杂志都买齐。所以，他们会觉得如果现在不买创刊号，以后可能就买不到了。这种担心会让他们毫不犹豫地出手购买创刊号。一旦买了创刊号，后面的每一期都会跟着买。也有些人一开始并没打算买这个系列的杂志，但等后面几期发行后，发现书店中这个系列的创刊号越来越少，生怕以后买不到了，于是就赶快买了下来。

为什么人一看见迪亚哥的产品，就想买来收藏呢？

活用行为经济学的成功经营模式②

5. 禀赋效应

开始制作模型之后，人会觉得自己亲手制作的东西很有价值。因为这个东西有价值，人就想坚持下去，直到最后完成。正因为如此，人会非常期待下一期杂志的出版发行。下一期杂志上有新的模型部件，而且只有把这个系列的所有杂志都买齐了，才能得到完成这个模型拼接的所有零部件。杂志上介绍的各种各样的知识和技巧与附送的模型息息相关，这也是吸引读者的一个地方。当人了解了这个模型的相关背景知识和更深层的信息之后，就会更加喜欢它，简直欲罢不能。

6. “免费”送书上门的吸引力

一个系列的杂志有很多期，如果每期都去书店购买的话，对于消费者来说确实有点麻烦。于是，迪亚哥国际出版集团的网站还提供订阅服务，申请订阅的手续也非常简单。只要订阅成功，以后就不用每期出版后都跑去书店购买了，会有专人定期送书上门。而且，最为关键的是，送书上门的服务是免费的。“免费”具有非常强大的吸引力。现在，已经有很多读者在网上成功申请了订阅服务。

迪亚哥国际出版集团经营模式的高明之处，现在才刚刚开始讲解，请你继续往下看。

7. 协和效应

从禀赋效应到收集欲望，都让人们对迪亚哥出版的杂志欲罢不能，而且，随杂志附送的模型需要读者亲手拼装，亲手拼装完成的东西在人的心目中会有特殊的价值。尽管如此，也并不是所有人都能长期坚持购买杂志、制作模型。因为当人们发现杂志中的模型和自己的想象存在出入时，或者制作起来相当麻烦的话，有的人就不想再购买了。不过，这个时候，又有一种心理效应开始发挥作用了。人们会想：“我已经花钱买了好几期了，如果现在停下来，那以前的投资不就白白浪费了吗？”所以，虽然有些人想停止购买，但又不想让之前的投资白费，于是只得硬着头皮继续买下去。这就像英、法政府持续为失败的“协和”客机投资的案例一样，因此这种心理效应也被称为“协和效应”（也叫“协和谬误”）。此外，对于迪亚哥的期刊杂志，读者投入其中的不仅有金钱，还有制作模型所花费的大量时间。已经投入的这些成本，都让读者们无法轻易中途放弃。

8. 维持现状偏见

本章前面已经介绍过，人会受一种叫作“维持现状偏见”的心理效应的影响，一旦签了约，就很难去解约，即使解约可能会给自己带来更多的收益，也无法改变这个结果。迪亚哥国际出版集团经营的一个高明之处就是订阅服务通过网上的简单操作即可办理，但要解约的话，必须得打电话到公司确认才能完成。很多人因为嫌打电话麻烦又费口舌，就懒得去打电话解约，于是就一直订阅下去。

9. 完成欲

当读者购买了迪亚哥出版的杂志后，每买一期，就会产生一定的成就感，感觉离终点又近了一步。迪亚哥国际出版集团经营的另一个厉害之处，就在于会在一开始就明确地告诉读者这个系列将出多少期。当人知道终点在哪里之后，就不容易半途而废了。完成一件事情会给人带来很大的成就感和满足感，而想体验这种感觉的欲望人皆有之。如果为了完成一件事需要一次性投入大笔金钱的话，很多人都会望而却步。但是，像报刊杂志这种，每周或每两周付一次钱，就不会让人感觉到负担，而实际上如果把整个系列都买齐的话，还是要花很大一笔钱的。在心理学上，这种现象也被称为“大小效应”（Magnitude Effect）。

以上就是迪亚哥国际出版集团运用行为经济学理论对自己的经营模式进行的设计，真是非常高明。其实，上述技巧不仅适用于报刊杂志这类商品，也适用于其他各类商品。

第一章总结

◎人对自己拥有的东西，对其价值有过大评价的倾向，这就是“禀赋效应”。300 日元买的彩票，在开奖之前要转让的话，人的平均心理价位竟然是 1180 日元。

◎菜单上的菜品被分为“松、竹、梅”三类，大多数人担心点菜失败，一般都会选择“竹”类的菜品。人们选择中间价位套餐的概率为 85.7%。

◎人们愿意为别人付出的努力付钱，但对别人的技术、技巧不太愿意埋单。

◎存不下钱的人，大多认为当前的价值比未来的高。

◎想要驱使别人做事，可以考虑一下“替代报酬”。

◎人们不愿意把 1 万日元的大钞换成零钱，也是损失厌恶的心理在发挥作用的结果。

◎迪亚哥出版集团的广告简直是在“放毒”。

第二章

Chapter 2

第二章　阻碍人们进行合理判断的系统

我们在进行判断的时候，大脑中会有两套系统在发挥作用，一套是进行分析的“熟虑系统”，另一套是全凭直觉的“自动系统”。其中，“自动系统”有时会影响我们进行合理的判断，甚至让我们得出错误的结论。在第二章中，我们一起来研究一下判断系统的工作原理以及人们在经济活动中犯下的错误。

“分析”与“直觉”是两种判断系统

熟虑系统与自动系统

在第一章中，我为大家介绍了人类一些不可思议的行为模式和偏见。可是，人类为什么会有这样有趣的行为模式呢？我认为，问题的根源存在于人类的判断系统中。从看到一个事物到下判断、做决定的这个过程中，我们首先会用感觉器官对事物或信息进行感知（通过眼睛看、耳朵听等方式认识事物），然后和过去的记忆进行比较，辨别出这到底是个什么东西（理解），最终将认知到的信息再次和记忆进行比较，合理地判断出接下来采取什么样的行动才最为合适。我们将这种通过深思熟虑进行判断的系统称为“熟虑系统”或者“系统 2”。当我们进行复杂的计算或制订计划时，就会用到熟虑系统。

然而，使用熟虑系统进行分析、判断的时候，非常消耗精力，所以有的时候人会偷懒，抄思维的近路，即省去某些思考的步骤，直接做出判断和决定。我们将这种通过直觉进行判断的系统称为“自动系统”或者“系统 1”。据说自动系统与人的大脑中最为原始的部分有所关联，能够通过本能在瞬间做出判断和决定。比如，发现有物体快速向自己飞来的时候，人会不自觉地迅速躲闪；当看到好笑的事情发生时，人会不自觉地笑出声来。这就是自动系统发挥作用的结果，即人不是“因为觉得好笑，接下来才用笑来表达心中的喜悦情绪”（故意为之的笑除外）。

一般情况下，上述两种系统都会发挥作用，综合起来对人的判断进行影响。举例来说，当发生地震时，建筑物里的人的第一反应是：“糟糕！地震了！快逃出去！”这是自动系统做出的判断。可是，接下来，熟虑系统也会马上做出反应，告诉自己：“等等！这是抗震建筑，一般的地震都没有问题。如果慌乱跑出去的话，搞不好会更危险！”

再比如，买东西的时候，人经常会凭直觉认为：“这个好！我想买这个。”可是，紧接着又会有各种各样的想法涌现，像是“这个好像不太耐用，还是那个好一些”，最终做出了和直觉不一样的判断。这也是熟虑系统介入并发挥作用的结果。

当人买了一种使用新的操作系统的智能电话时，一开始会觉得操作起来有点麻烦，那是因为这个阶段是人在用熟虑系统思考新手机的使用方法。但是，使用一段时间之后，人就可以凭直觉进行操作了，也就不会感觉麻烦了。由此可见，当某种思维形成习惯之后，便会由熟虑系统转变为自动系统。就像人习惯做饭之后，一到时间就会自然而然地去做饭；养成了锻炼身体的习惯之后，也会自觉地去做运动。

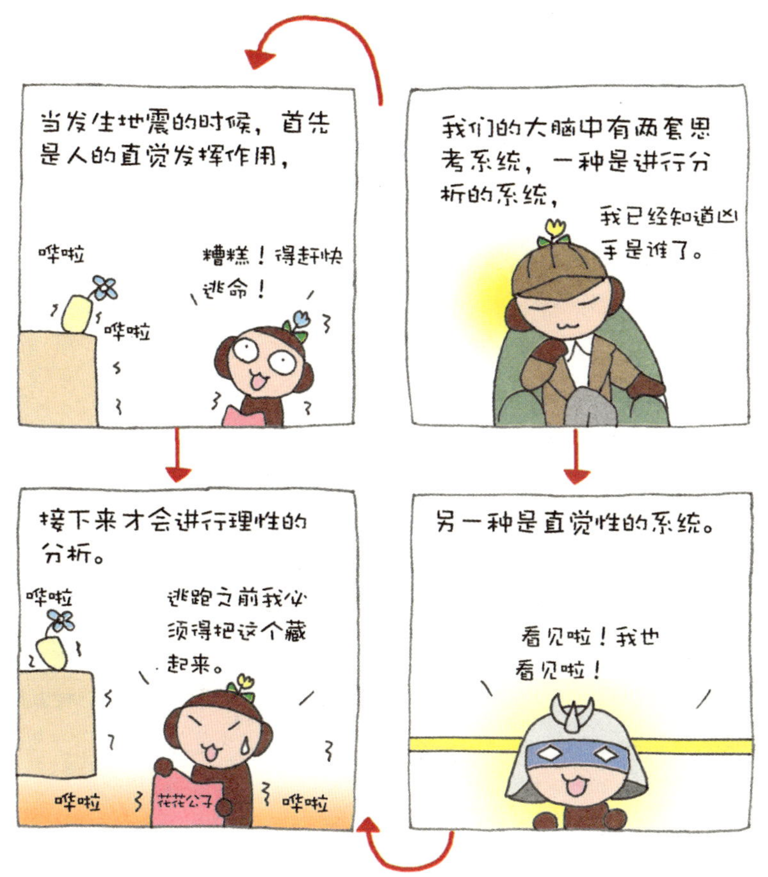

我们的直觉经常会出错

启发式偏见

人类判断系统中的自动系统具有非常卓越的功能，能够帮我们快速做出判断，比如可以在一瞬间让我们得出结论或看透事物的本质。但是，自动系统给我们的答案并非永远都是正确的。其实，自动系统经常出错或出现失误。因此，就像前一小节中介绍的发生地震的那个例子一样，我们的熟虑系统会对自动系统进行监督，当自动系统做出错误的判断时，熟虑系统会介入加以修正。不过，熟虑系统修正后的结果也不能保证一定是正确的。

下面请各位朋友来看一道例题：

“在湖中生长的睡莲不断疯长，睡莲叶子的面积每过一天就增加一倍。假设睡莲的叶子将整个湖面占满需要 48 天的时间。那么请问，睡莲的叶子覆盖到半个湖面，需要多少天？”

也许很多朋友瞬间就能给出答案：“24 天！”但是，非常抱歉，这个答案是错误的。因为睡莲叶子的面积每天增加一倍，所以正确答案应该是 48 天的前一天，即 47 天。只要认真思考，你就能得到正确答案。不过，第一眼看到这个问题时，不自觉地就想用 48 除以 2。因为使用熟虑系统是比较消耗精力的，所以很多不爱动脑筋的人就会把判断的任务交给自动系统，凭直觉得出答案，所以这样得来的结果往往也是错误的。专家通过研究还发现，有时，熟虑系统很难阻止自动系统凭直觉进行判断。

这可就麻烦了。如果自动系统总是犯错的话，那我们每天的生活都将麻烦不断、痛苦无比。不过不用担心，自动系统的错误其实是可以避免的，因为自动系统的错误都有一定的倾向（偏见），而且这种倾向是可以预测的。行为经济学家丹尼尔 · 卡尼曼教授和阿莫斯 · 特沃斯基教授将这种判断的偏见命名为“启发式偏见”（Heuristic Bias）。所谓“启发式”是指“在没有明确线索的时候，进行探索的方法”。简单地说，就是在解决问题时，借鉴经验的“方法或法则”。也有更直截了当的说法，就是“经验法则”或“近道”。根据这种“启发”所得到的结果，有时会出现方向性的错误，即出现“偏见”。卡尼曼教授和特沃斯基教授合著的论文（1974 年）这样解释，启发式偏见可以分为“锚定启发”“可得性启发”和“代表性启发”，并据此对人们判断时出现的偏见进行了解说。

人们常说“上了年纪的老人，大脑比较顽固”，其实，这句话的背景是老年人因为人生经验丰富，在对事物进行判断的时候，不喜欢使用熟虑系统，而多用自动系统，即进行启发式的判断。他们在多年的人生经历中形成的固定观念和偏见会出现在自动系统中，因此大家会觉得老年人“头脑僵化、顽固”。

在这一章中，我不仅会为大家介绍影响人们判断的启发式偏见，还会从眼睛、大脑功能的角度讲解人们判断失误的种类和原因。希望通过我们的分析，能发现人类判断系统的原理和判断的倾向。

第一眼看到的数字对我们影响很大

锚定效应①/非洲国家在联合国中所占比例的问题

当我们在预测某件事的时候，一开始提示给我们的数字，会给我们带来很大的影响。这个数字甚至左右着我们接下来做出的判断。我们第一眼见到的数字，就像轮船的锚一样，当锚沉入海底之后，轮船就被固定在这片水域。人也是一样，心中有一个锚沉下之后，在进行分析判断时也会被这个锚束缚。这种启发式偏见被称为“锚定和调整”或者“锚定效应”。有时，这个锚定是由人自己设定的，有时则是外界提示的一个毫不相关的信息。

锚定效应的威力非常强。研究人员设计了很多实验，结果都证明了其威力的强大。接下来，为大家介绍一个著名的实验案例，它是由卡尼曼教授和特沃斯基教授实施的。

两位教授准备了一个轮盘，上面随机写着 0 ~ 100 的数字，教授让参加实验的人转动轮盘，看轮盘停下来时指针所指的数字。然后，向接受实验的人提出一个问题：“你认为非洲国家在联合国成员国中的比例比这个数字大还是小？”紧接着又问：“请你猜测一下非洲国家在联合国成员国中的比例是百分之几。”实际上，那个轮盘是经过设计的，转动过后停下来时，指针所指的数字不是“65”就是“10”，不会指到其他数字。结果，关于“非洲国家在联合国成员国中的比例”这个问题，转到 65 的人，猜测的平均数字是 45%；而转到 10 的人，猜测的平均数字是 25%。两组结果之间的差异竟然有 20%。虽然转盘上转到的数字和非洲国家在联合国成员国中的比例一点关系都没有，但接受实验的人还是深受那个数字的影响。那个数字就像一个锚，将人们的思维固定在了一个范围内，然后他们再根据自己的推测，在那个范围内进行调整。由实验结果可知，第一眼见到的数字竟然会对人的判断产生如此大的影响。

第一眼见到的数字，
50
就像一个锚，
50
嗯。
对人接下来做出的判断会产生巨大的影响。
50
你猜那个人多大年纪？
52岁左右吧？
结婚纪念日展销
这个多少钱？
大减价。
30000
10000
好便宜！我买啦！
便宜货！不喜欢！
你怎么能这么说……

第一眼看到的数字对我们影响很大

锚定效应②／两个船锚所造成的影响

我们已经领教了第一眼见到的数字给我们带来的巨大影响。那么，如果在中途加进一个新的“锚”，结果又会怎样呢？“新锚”代替“老锚”，还是“老锚”的影响力依旧？

我们找来 20 ~ 49 岁的男女志愿者共 30 人，进行了一项实验。我们在箱子中准备了很多字条，并告诉接受实验的人，箱子中的字条上分别写有 1 ~ 100 的数字，请他们随意抽出其中一张。实际上，箱子中的字条上只有“35”和“80”两个数字。等他们从箱子中抽出字条，并看到上面的数字之后，我们向他提出一个问题：“请你猜测，2011 年日本本国 20 ~ 29 岁的年轻人拥有驾照的比例比你抽到的数字大还是小？”几乎所有抽到“35”的人都回答“大”，而大部分抽到“80”的人的回答都是“小”。接下来再问他们：“那么你认为2011年日本本国20 ~ 29岁的年轻人拥有驾照的比例是百分之几呢？”结果，抽到“35”的人回答的数字平均之后是“51%”，而抽到“80”的人回答的数字平均之后是“62%”。而实际上，不管“35”还是“80”，都和年轻人持有驾照的比例没有任何关系（真实的比例是 63.5%）。但是，受到第一眼看到的数字的影响，抽到“35”的人回答的数字比较小，而抽到“80”的人回答的数字比较大，它们之间相差 11% 左右。

到这里，实验还没有结束。对于抽到“35”的人，我们告诉他们真实的数字是 66.5%（假的数字），另一方面，告诉抽到“80”的人，真实的数字是 60.5%（同样是假数字）。这两个假数字就是给他们的第二个“锚”。然后，再向他们提出同样一个问题：“请猜测一下 20 年前 20 ~ 29 岁的年轻人的驾照持有率是多少？”（真实的答案是 74.2%）。此时，如果第二个“锚”起作用的话，那么抽到“35”的人猜测的数字应该比抽到“80”的人猜测的数字大。

结果，他们给出的答案令人深思。抽到“35”的人给出的数字平均之后是“71%”，而抽到“80”的人给出的数字平均之后是“79%”。依然是抽到“80”的人回答的数字比较大，而抽到“35”的人回答的数字比较小。这也说明一个现象，虽然得到了第二个数字的提示，但人们依然深受第一眼见到的那个数字的影响，由此可见锚定效应的强大之处。与中途得到的那个相对更有意义的“锚”相比，第一次接触到的那个毫无意义的“锚”，反而会给人造成更大、更深远的影响。

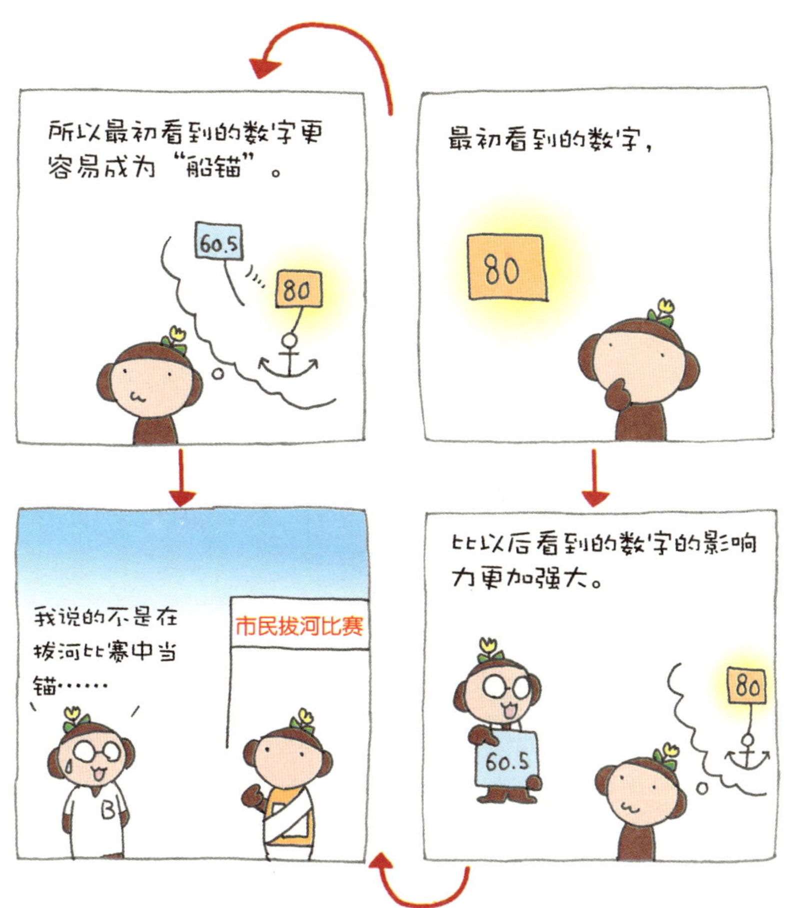

第一眼看到的数字对我们影响很大

锚定效应③/PlayStation 的战略性锚定效应

锚定效应和商品定价有着密不可分的关系。举例来说，当遇到恶劣天气时，城市中的蔬菜供应就会受到影响，因此市场上的蔬菜价格会上涨。而消费者对于菜价的上涨往往怨声载道。这是因为在消费者的心中早已有一个关于菜价的“船锚”，也就是所谓的心理价位。他们认为菠菜就应该是 ×× 日元一斤，而卷心菜的价格不应该超过 ×× 日元。一旦超出这个心理预期，他们就不愿接受。但是，当这些消费者看到高级汽车卖 4000 万日元的时候，他们并没有什么感觉，不会觉得它贵，也不会觉得它便宜。因为在他们心中，关于这辆高级汽车，并没有一个“船锚”。

2010 年上市的苹果牌平板电脑 iPad，现在大有取代笔记本电脑的架势，在各行各业、各个领域得到了广泛应用。最近，亚马逊和谷歌为了吸引更多的用户，也以很低的价格开始推销自己的平板电脑，从而使平板电脑以很快的速度普及开来。2010 年，iPad 上市之初的定价是 48,800 日元，而现在，其他品牌的平板电脑有不少已经卖到了 1 万日元以内。因为最初的 iPad 为大家建造了一个 5 万日元左右的“船锚”，因此，1 万日元以下的平板电脑才会在价格上特别有吸引力。如果当初 iPad 一上市就定价 19,800 日元的话，那么，其他品牌的平板电脑定价 1 万日元上下恐怕不会像现在这样有吸引力。消费者对同一类产品的心理价位，来自第一个上市的那个产品的定价。

1994 年，日本 Sony（索尼）公司推出了一款家用电视游戏机——PlayStation（简称 PS），通过巧妙地利用锚定效应，这款游戏机畅销世界各地。当时，家用游戏机领域，任天堂公司可谓独霸天下，并把其他公司甩下很远。可是就在那一年，除了 PlayStation 之外，其他游戏机公司也都推出了自己的产品，如世嘉土星游戏机（SEGA Saturn，简称 SS）、3DO REAL、PC-FX 等。可以说掀起了一场新一代游戏机的混战。其中，使用了 CD-ROM 的高性能 32

位游戏机 PlayStation 一开始的发售价是 39,800 日元。新一代游戏机的定价都在 4 ~ 5 万日元左右，这个价位也是新一代游戏机价格的“船锚”。随后，PlayStation 又先后推出了改款版，定价一路降低，分别是 29,800 日元（1995 年）、24,800 日元（1996 年 3 月）、19,800 日元（1996 年 6 月）、18,000 日元（1997 年）、15,000 日元（1998 年）。再加上他们还推出了很多吸引人的游戏软件，PlayStation 风靡一时。原本在消费者心目中，游戏机的价格是比较昂贵的，正因为有了这样的心理预期，当游戏机降价的时候，那种诱惑就难以抵挡了。据说 PlayStation 一连串的改版、降价，是开发者早就设计好的战略。在第一款 PlayStation 发售之前，开发人员就已经设计好了未来可以用廉价部件替代的部分，为日后降价铺平了道路。而且，对于降价的事情，Sony 公司事先并没有透露任何消息，而是突然宣布降价。批发商、零售商在发售前一天接到降价通知而慌乱的情形，更是给消费者留下了深刻的印象，让消费者切身感受到 PlayStation 降价的真实性。巧妙运用了锚定效应的 PlayStation，让世嘉土星游戏机等竞争对手疲于奔命，也成功击溃了独霸游戏机行业的任天堂公司。

轻易就能联想到的事情，我们容易高估它们发生的概率

可得性启发①／自杀人数与他杀人数在人们头脑中的印象

当我们看到某个物体或某件事情的时候，头脑中越是容易联想到的东西、越是容易从记忆中提取出的信息，我们越容易高估其发生的概率。这种现象叫作“可得性启发”。

举例来说，我们经常能在电视上看到有关杀人事件和交通事故的报道，于是，当我们分析人的死亡原因时，就容易觉得很多人都是死于凶杀或交通事故，同时感觉到每年会发生很多起杀人事件和交通事故。特别是刚在电视上看到杀人事件或交通事故的报道后，这种心理倾向更为强烈。但实际上，在日本，死于杀人事件和交通事故的人数，远远没有自杀的多。2013 年，全日本因他杀而死亡的只有 341 人，而死于交通事故的也不过 4373 人，相比之下，自杀身亡的则有 27,195 人（根据日本政府、警察厅的统计）。虽然日本因为自杀人数居高不下，媒体曾将其作为一个社会问题进行过报道，但是，并不会对每一起自杀事件都进行报道，也就是说，报道自杀事件的频率没有报道杀人事件、交通事故的频率高。所以，当大家看到数字时，虽然心中也会觉得自杀人数比较多，但当联想到人的死亡原因时，依然会根据以往的印象，认为杀人事件和交通事故是死亡的主要原因。

再比如，当发生地震的时候，媒体会反复不停地报道震区的情况，这也会让观众在心目中对地震的可怕性留下深刻印象，从而对地震发生的概率做出高于实际情况的估计，使人陷入不安之中。很多人会产生一种错觉，认为地震很快也会降临到自己所住的地区，于是这个时期，购买应急帐篷、在家中储存水和食物，以及购买自然灾害保险的人大大增加。但是，随着时间的流逝，电视中报道震灾的新闻越来越少，人们的担忧也会逐渐平息。卖帐篷的商家和保险公司看得最清楚，因为买帐篷和买自然灾害险的人也较之前少了很多。

越是容易联想到的事情，
媒体
朋友转告
经验
我们越容易认为它们的发生概率很高。
感觉可信度高
→
感觉经常发生类似的事件
关于恶性案件的报道越多，
快把钱交出来！
人越容易产生不安全感。
这个世界到处都在出大事。
所以我必须得加强防范！
不是吧？

轻易就能联想到的事情，我们容易高估它们发生的概率

可得性启发②/给驾驶员看交通安全教育录像，可以在一定程度上预防事故的发生

人的可得性启发，会受到“想起的容易程度”和“检索的便利性”的影响，也就是说，越容易想起的事情、越容易检索到的信息，对我们判断的影响越大。举例来说，日本国民对日本运动员在奥运会上的表现以及日本国家足球队在世界杯上的发挥，都有着非常高的期望，甚至可以说有点脱离实际了。实际上，这种情况就是“想起的容易程度”和“检索的便利性”造成的。因为电视新闻中会反复播放运动员们参加比赛的精彩镜头，尤其是足球运动员射门的情景，非常激动人心。通过反复观看这种令人印象深刻的镜头，观众们就会对运动员的实力做出高于实际的评价，从而产生超越现实的期望。

最近，日本在对普通市民的驾照进行年审时，会要求市民先看一段交通安全教育录像，很多人反映看这段录像非常痛苦。以前，为了提高驾驶员的安全意识、预防交通事故，交通管理部门在对市民的驾照进行年审时，只是给市民看一些交通事故的照片，照片上的画面都是静止的，缺乏生动性。而最近，交通管理部门专门录制了教育视频，其中既有惨烈的动态事故画面，也有对在交通事故中失去亲人的家属的采访。而且，这些画面并不是事后模拟制作的，而是拍摄的真人真事。看到如此生动的画面，会给人留下强烈而深刻的印象，让人们觉得交通事故发生的概率非常高，仿佛就在自己身边一样。结果，短时间内大家都会遵守交通规则，非常谨慎地驾驶。有统计数据显示，在驾照年审后的一段时间内，交通事故率下降了5个百分点。关于交通安全教育录像和事故率的下降是否存在直接的因果关系，目前尚无定论，但是，看过录像后，人们都会谨慎驾驶，这是不争的事实。究其背后的原因，我认为其中之一就是人们受到可得性启发的影响，高估了交通事故发生的概率，因此为了自身的安全才会谨慎驾驶，预防事故发生。

① BIG，日本彩票的一种。

人难以抗拒典型状况的吸引力

代表性启发①／琳达问题

如果要问外国人，日本游客在他们心目中的形象，得到的回答大多是："脖子上挂一个照相机，到处拍照的人。"如今，数码相机和智能手机已经高度普及，还在脖子上挂一个笨重的照相机到处拍照，在海外旅游的日本人的形象还真是够奇怪的。但在外国人的心目中，日本游客的形象就是这个样子的。同样的道理，外国人在我们心目中也有一个相对固定的形象，比如"英国人都是绅士""意大利人热情无比""法国人多是美食家"……类似这种已经渗入人们大脑的固定观念或偏见，可以被称为stereotype，即"陈规旧习"；而这种现象叫作"代表性启发"或"典型性启发"。人们常会把属于某个集合体的某一种性质当作该集合体表现出来的整体形象，错误地判断这种性质出现的频率和概率。

有一个著名的心理实验就向我们呈现了代表性启发的有趣之处，这个心理实验的名字叫作"琳达问题"。

"琳达，31岁，单身，是一位直率又聪明的女士。她大学所学的专业是哲学。在学生时代，她就对歧视和社会公正问题格外关心，还参加过反核示威游行。请看下列描述，哪一种最适合琳达的未来？"

1. 琳达是银行的出纳；
2. 琳达是银行的出纳，还积极参加争取女权的运动。

结果，有80%的人都选择了2。而实际上，从概率上来讲，这是一个错误的选择。

我们合理地分析一下就不难发现，"2.琳达是银行的出纳，还积极参加争取女权的运动"这个选项是包含在"1.琳达是银行的出纳"这个选项之内的。

也就是说，选项 1 包含选项 2，那么，选择选项 1 应该更安全。可是，选择选项 2 的人占了大多数。因为选项 2 中带有更加详细的描述，这让人感觉更为典型，所以才会有那么多人选择选项 2。

“琳达问题”在行为经济学中经常被用到。但是，我觉得如果选项 1 中没有“不管她是否参与争取女权运动”的描述，就多少有点诱导答题者的嫌疑了，容易让答题者忽略两个选项之间包含与被包含的关系。所以，我在选项 1 中加了一些描述：

1. 琳达是银行的出纳，不管她是否参与争取女权运动；

2. 琳达是银行的出纳，还积极参加争取女权的运动。

然后，我向 10~49 岁的 30 名男女志愿者提出了“琳达问题”。但结果还是令人回味。虽说加上“不管她是否参与争取女权运动”这句描述之后，选择选项 2 的人少了，但最后还是有大约 60% 的人选择了选项 2。他们选择选项 2 的原因是“琳达将来更有可能成为这样”，也就是说，见到更加典型的选项时，人就可能超越概率上的正确判断，而选择更为典型的选项。

人难以抗拒典型状况的吸引力

代表性启发②／趁热打铁，连续投篮的成功率问题

在观看体育比赛的时候，我们经常能看到有些运动员相信“趁热打铁”的现象，也就是说，他们相信成功一次后，接下来的挑战同样也会成功。而且，作为观众的我们也会被他们感染，相信这种现象。以美国的职业篮球比赛为例，很多运动员和观众都相信，一次投篮成功后，接下来的投篮肯定也能得分。

对于这个问题，美国康奈尔大学的汤姆·季洛维奇进行了一番科学的调查。他想验证职业篮球运动员在成功投篮一次之后，接下来的投篮是否也会成功。

季洛维奇面试了 100 名职业篮球比赛的观众。他首先给这些观众设计了一名投篮命中率为 50% 的篮球运动员，然后又分成了两种情况——“该运动员上一次投篮成功”和“该运动员上一次投篮失败”，接下来请这些观众推测该运动员下一次投篮会不会成功。结果得到的答案是，如果前一次成功的话，那么这一次成功的概率是 61%；如果前一次失败的话，那么这次成功的概率是 42%。可见，观众和运动员一样，也相信“趁热打铁”“成功可以带来新的成功”。

后来季洛维奇又弄到了一支职业篮球队两年来参加比赛的详细数据。他对这些数据进行了分析，试图找出连续投篮与成功率之间的关系。

结果显示，投篮成功之后的下一次投篮，成功率为 51%；投篮失败之后的下一次投篮，成功的概率为 54%。两次连续投篮成功之后的下一次投篮，成功率为 50%；两次连续投篮失败之后的下一次投篮，成功率是 53%。这一数据可以明确地告诉我们，“成功可以带来新的成功”是一种误解。

这是因为人们只关注了其中一个段落，即连续成功的那一段。仅仅截取这一典型段落的概率，来当作整个过程的概率，当然会把成功概率估算过高。当然，3 次、4 次连续投篮都成功的例子也不少见，但从概率学的角度来看，那也脱不开“偶然法则”的束缚。但人们还是愿意截取那连续成功的典型片

段，制造出一种“趁热打铁”“成功可以带来新的成功”的印象，从而让自己的情绪高涨起来。当然，我们从科学的角度来分析，判明“一次投篮成功后，下一次不一定也能成功”，这样做并不是故意否定连续成功的可能性，也不是有意破坏运动员和观众的美好心愿，只是想告诉大家，人在判断的时候，有可能出现这样的偏见和倾向。了解了人类的认知、判断原理，才可以更好地和人交往。

数字的不同呈现方式，可以改变我们的判断

框架效应①／你会选择哪种手术方案？

假设你得了重病，医生建议你进行手术治疗。但是，对于这么大的手术，你心中非常不安。你非常想知道这个手术的成功率，于是便去问医生。结果，医生告诉你，现在他有如下两个手术方案。你会选择哪种方案呢？

方案A：接受这种手术的100名患者中，1年后有90人活了下来。

方案B：接受这种手术的100名患者中，1年内有10人去世。

如果冷静地想一想，你会发现，其实这两个手术方案的结果完全就是一回事。但是，如果凭直觉选择的话，很多人都会选择方案A。虽然两个方案的内容是一样的，但表达方式有所不同，一个给出的是存活者的人数，一个给出的是死亡者的人数。方案A让你看到的是存活者，所以你会感到安心，自然会考虑接受手术治疗。方案B则让你看到了术后死亡者的信息，任谁看到死亡都会感到不安，所以你会在心里抵触这种方案。

像上面例子中所讲的，数字的不同呈现方式，将会给人的判断造成极大的影响，这种现象叫作“框架效应”（Framing Effects），意思是把问题呈现出来的方式看作一个框架，框架不同，自然会引导出不同的判断。就像一幅画的画框比较好看，人们对画的评价也会相应提高。也就是说，有的时候人不能对事物做出客观的评价，这个事物的表现形式会给人的判断带来很大影响。

患者听医生做手术说明的时候，

100个接受这个手术的人中，

听到医生说术后活下来的人数时，会感到安心，

有90人活了下来。

但听医生说到术后的死亡人数时，立刻就焦虑起来。

有10个人死了。

框架可以改变人们对一个事物的印象，这种现象称为“框架效应”。

100个接受手术的人中

90人活了下来

↕ 完全是一样的

10人死亡

10人死亡

我换个豪华一点的画框，这次感觉怎么样？

数字的不同呈现方式，可以改变我们的判断

框架效应②/亚洲病害问题

有几个选项供人选择的问题，选项的表达方式不同，将会极大地影响人们的选择。卡尼曼教授和特沃斯基教授曾经做过一个实验，名字叫“亚洲病害问题”。通过这个实验，我们可以看到表达方式的不同，对人的影响有多大。在进行实验的时候，教授先将参加者分成两组，然后对他们提出同一个问题：

“一种罕见的恐怖疾病正在亚洲蔓延，预计这种疾病造成的死亡人数将达到600。美国政府为了防止这种疾病的进一步扩散，提出了两种治疗方案，你会选择哪一种方案呢？”

对于第一组参加者，提供下列两个选项：

A：使用这种治疗方法，可以救活200人；

B：使用这种治疗方法，有1/3的可能救活全部600人，但有2/3的可能是600人无人生还。

对于第二组参加者，提供下列两个选项：

C：使用这种治疗方法，将有400人死亡；

D：使用这种治疗方法，有1/3的可能无人死亡，但有2/3的可能是600人全部死亡。

冷静地分析下来，我们会发现，分别给两组人提供的选项，其实其内容是一样的，只是表达方式不同。但是，教授们并不给参加者太多的时间思考，让他们凭直觉来回答这个问题。结果，第一组中，选择A的人占到了72%，选择B的人只有28%。经过分析我们可以发现，A和C是完全一样的，第一组选择A的人多，那么按道理来说，第二组应该是选择C的人多。可是结果

却令人吃惊，第二组中选择 D 的人占到了 78%，选择 C 的人只有 22%。选项 A、B 的着眼点在“救活”上，当参加实验的人看到能救活 200 人的时候，自然就选择了 A。而选项 C、D 突出的是“死亡”。在实验参加者的眼中，与选项 C 的死亡 400 人相比，选项 D 中有 1/3 的可能无人死亡，更能让人安心，尽管选项 D 有更大的可能是全部人都死亡，但大多数人还是选择了 D。也就是说，当人在获得利益的时候，会回避风险；而当蒙受损失的时候，则愿意选择冒险。

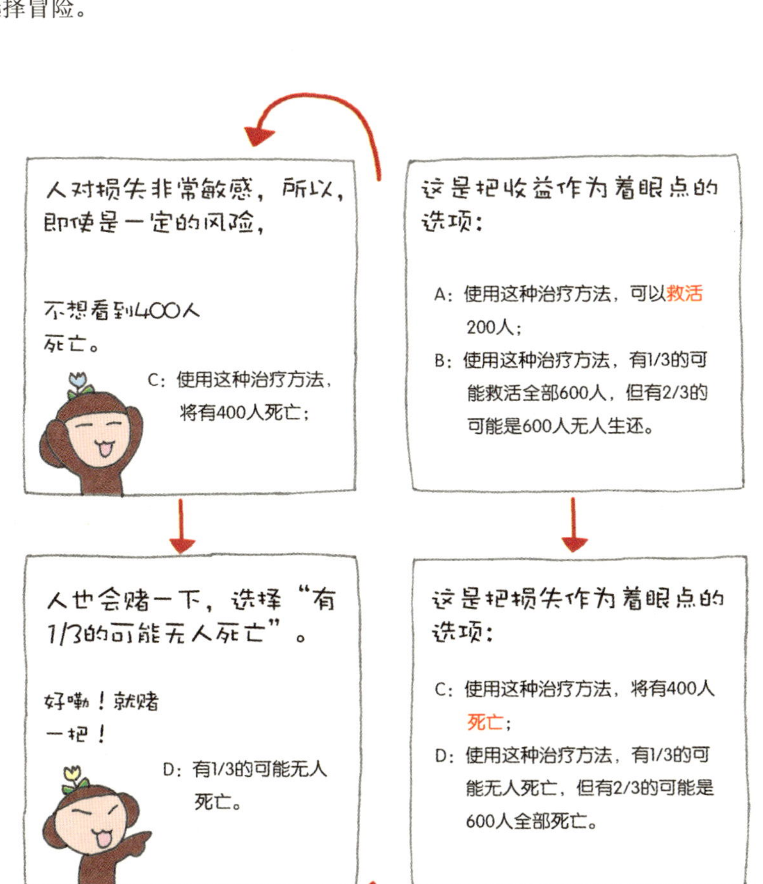

数字的不同呈现方式，可以改变我们的判断

框架效应③／框架效应产生的原理

伦敦大学的本尼迪特·德·马尔蒂诺和雷蒙德·德兰为了研究框架效应产生的生理原因，找到了 20 名学生志愿者，对他们思考、判断时脑部的血液流动情况进行了分析研究。

结果他们发现，有些学生对框架效应反应异常敏感，这部分人脑部的扁桃体非常活跃。位于大脑颞叶内侧深处的扁桃体，是一个神经细胞非常集中的地方，这个部分与恐怖、厌恶、不安等感情有着密切的联系。

另外，大脑额叶前部皮质的活动与合理的选择之间也存在一定的联系。大脑这一部分非常活跃的学生，做选择的时候具有一贯性，受框架效应的影响比较小。额叶前部皮质是对复杂的认知行为进行计划、对自己的社会行为加以合理调节的重要脑部区域。

意大利圣拉菲尔生命健康大学的马岱欧·莫泰尔里尼认同了上述研究成果，并说："一个理性的人，并不是没有感情的人，而是能够很好地控制自己感情的人。"

一般人心中都有损失厌恶的倾向，所以当人们看到"1 年后的存活率""治疗后的死亡人数"时，心中必定充满了恐惧和不安，在这种情况下还要做出判断和选择。所以，人们在选择的过程中，会提心吊胆地想，"也许我这个选择是不合理的……"，恐惧和不安在心中难以控制地蔓延开来，这样的人就容易受到框架效应的影响。而不容易受框架效应影响的人，会利用大脑额叶前部皮质对获得的信息加以整合和修正，并根据情况做出合理的调节。

善于调节自己的社会行为。

死亡400人，让我非常不安，所以我不选它。

容易受框架效应影响的人：

C：使用这种治疗方法，将有400人死亡；

D：使用这种治疗方法，有1/3的可能无人死亡，但有2/3的可能是600人全部死亡。

心中容易被恐惧、不安等感情占据。

而理性的人：

C：使用这种治疗方法，将有400人死亡；

D：使用这种治疗方法，有1/3的可能无人死亡，但有2/3的可能是600人全部死亡。

都一样嘛。

人们特别喜欢探寻事物的意义

Apophenia/在无规则、无意义中寻找意义

大多数人都不喜欢无秩序、无意义的事物，因为接下来的事物无法预测。对于无法预测的事物，我们都会感到不安，而对于看不清真实面目的东西，我们也会感到恐惧。于是，对于那些无秩序、无意义的事物，我们就会想方设法从中找出规律、意义。据分析，想要寻找出规则、意义的这种行为，和人的判断系统也存在一定的联系。有规则、有秩序的事物，预测起来就会很轻松，这样就能让我们的熟虑系统稍微轻松一些，这是我们所喜欢的。前面讲过的连续投篮成功的案例，其实也是人们在偶然中寻找规律、意义的典型例子。在毫无意义的信息中寻找规律性、关联性的行为，叫作 apophenia，有人给它取了一个中文名字叫“数据真理妄想”。

下面给大家讲一个有趣的例子。林肯出任美国总统是在 1860 年，肯尼迪出任美国总统恰巧在 100 年后的 1960 年。而两人担任总统时，副总统的名字都叫约翰逊。林肯的继任者出生在 1808 年，肯尼迪的继任者则生于 100 年后的 1908 年。林肯有一个名叫肯尼迪的秘书，而肯尼迪有一个名叫林肯的秘书。两人遭暗杀的日子都是星期五。暗杀林肯的凶手出生于 1839 年，暗杀肯尼迪的凶手则出生于 100 年后的 1939 年。

姑且不论这其中的巧合是偶然还是必然，但人们就是喜欢寻找这些共通、一致的地方。因为发现某些规则、规律，一种优越感会油然而生，从而满足自己的自尊心。我们应该理解自己和别人的这种心理倾向，在面对一些数字的时候，没有必要硬要在其中找到某种规律和联系。

我们喜欢在毫无意义的
事物中，
找出意义来。
啊！像兔子！
月兔！
这是给我出书那
家出版社寄来的
明信片，背面有
一串数字……
哦。
136091
43085
没准里面隐藏着
什么特殊含义。
嗯！
啊！我知道啦！
136091
43085
原来是编辑的
电话号码……

刚才听到的话，会对人们的行动造成很大的影响

启动效应／刚才听到的话，会激发人们头脑中的相关记忆

在很多国家，国民参加政治投票的比例非常低，因为民众不关心政治，政府对这种状况很头痛。民众不关心政治，背后有很多原因，大家都认为短时间内不可能提高国民的投票比例。但实际上，有一个非常简单的方法，可以在很短的时间内提高国民投票的比例。那就是在投票的前一天，向所有国民提出一个问题："明天你会不会去投票？"仅仅问这一个问题，就让第二天国民参与投票的比例提升了 25%。曾有研究所在美国对 4 万人进行了一项调查，问他们："今后 6 个月内你有没有购买新汽车的打算？"根据后来的跟踪调查结果显示，这些人购买新车的比例提高了 35%，仅仅是因为一个提问。

我们听到、看到的事情，会让我们联想起相关的事情，这就叫作"启动效应"（Priming Effect）（因为一个问题，国民投票率就提高了的案例，有启动效应的作用，但那只是原因之一，其他原因在这里暂不介绍）。因为我们头脑中的记忆很多，所以不可能随时随地都把所有记忆提取出来。但是，刚才听到或看到的信息，却容易激发我们提取出头脑中的相关记忆。这种效应也能影响我们对一个事物的评价。举个例子，曾有人做过一个实验，先让人看一些外国大海和珊瑚礁的照片，然后再问他们："你对冲绳岛有什么印象？"结果得到的回答大多是："冲绳岛有美丽的大海。"可是，如果先给人看一些军事设施的照片，再问他们："你对冲绳岛有什么印象？"他们大多会回答："冲绳岛有美军驻日基地。"而实际上，那些外国大海、珊瑚礁的照片和冲绳岛没有一点关系；照片中的军事设施也不是美军驻日军事基地，甚至根本就不是美军的基地。但是这些给人们对冲绳岛的评价造成了很大的影响，可以说有一定的诱导作用。就像提到"红色"很多人会联想到"苹果"一样，即使是间接的信息，也能对人的思维造成影响。

所以，当我们想驱使别人做某件事情的时候，可以若无其事地向他们展示一些积极的相关信息。

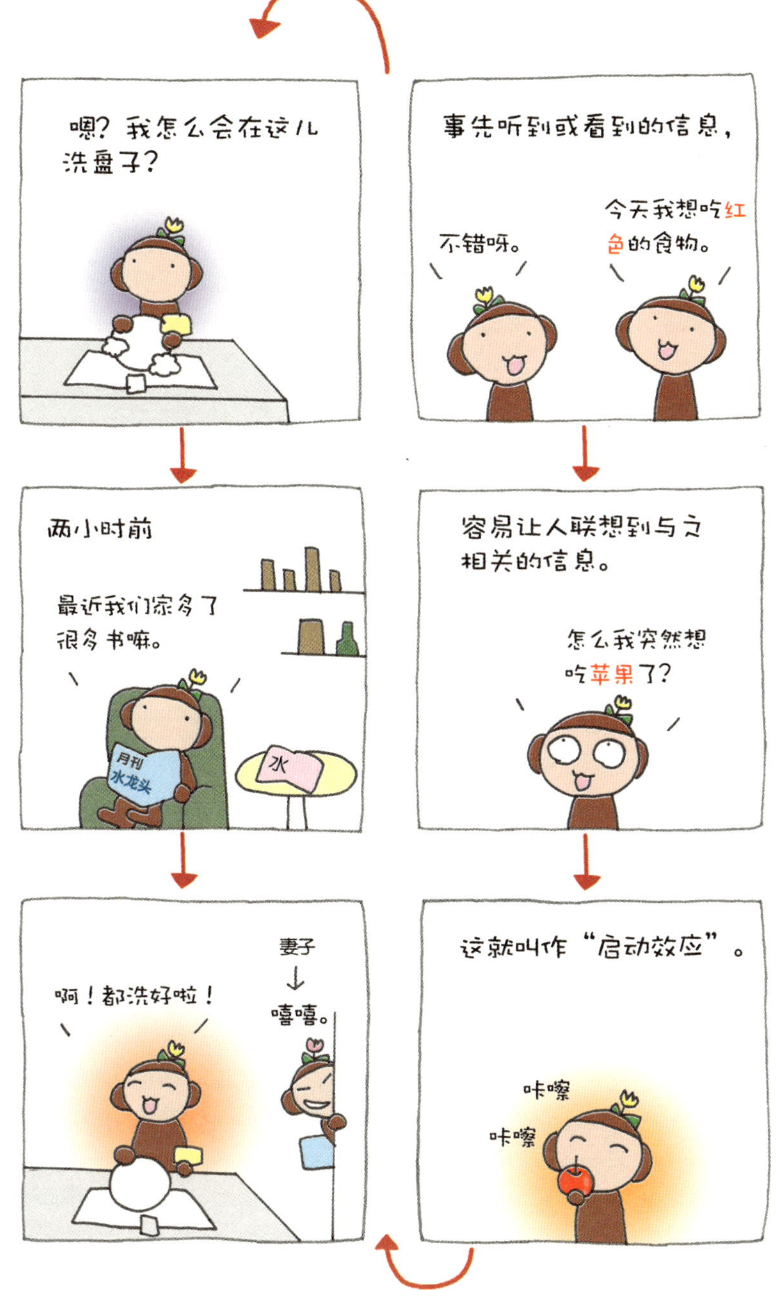
嗯？我怎么会在这儿
洗盘子？
两小时前
最近我们家多了
很多书嘛。
月刊
水龙头
水
啊！都洗好啦！
妻子
↓
嘻嘻。
事先听到或看到的信息，
不错呀。
今天我想吃红
色的食物。
容易让人联想到与之
相关的信息。
怎么我突然想
吃苹果了？
这就叫作“启动效应”。
咔嚓
咔嚓

可见的东西，我们并不一定都能看到

确认偏误／我们会根据自己的喜好选择性地看东西

当我们看到一个物体的时候，会在一瞬间通过眼睛在头脑中呈现出它的形象。该物体的形状、颜色、位置关系等，我们都能正确无误地加以把握。可以说，人的眼睛是一种高性能的成像“装置”。可是，虽然人眼的性能很高，但有时也会看漏重要的事物，也会因为着眼于整体而忽略了事物的细节。当我们有目的性地搜索某个信息时，就会限制其他信息的录入，虽然这个事物已经进入了我们的视觉中，我们却没有感知到它们。

曾经有个电视节目做过这样一个实验。请10位男女看一段人来人往的大街上的录像。看录像之前先向他们提出一个要求：“录像中一共走过几位穿白色衣服的人？”于是，在看录像的过程中，大家都在专心地搜索着穿白色衣服的人。结果，10人中有7人说出了白衣人的正确数字。可是，这段录像中还隐藏了一个秘密——有一个身穿紧身衣裤的演员，一边做着夸张的动作一边从镜头中走过。可是，10人中注意到这位演员的只有3个人，其他7人都说完全没有看到。进入我们眼睛的信息量非常大，我们不可能一一处理所有内容。我们自认为不重要的信息，就会自动被排除掉了，根本不会加以处理。

另外，男性与女性所“看到”的事物也是不同的，或者说侧重点不同。举例来说，假设街上发生了一起抢劫案，男性目击者一般都能记住抢劫者的身体特征，甚至容貌。但女性目击者一般都把目光放在了受害人身上，能够记住受害人的身体特征、行为等。纽约市立大学布鲁克林分校的伊兹利艾尔·艾布拉莫夫教授领导的研究团队经研究发现，女性比男性对颜色更敏感，而男性比女性更善于分辨远处以及快速移动的物体。

只看自己想看的东西，就会造成人按照自己的喜好歪曲地解释事实的现象。举个例子，假设你是一名上司，你的部下中只有一名女性，而你对女性的能力抱有偏见，认为她们不如男性能干。这种情况下，虽然女部下付出了很多努力，也做出了不少成绩，但你还是会根据自己的固定观念，带着有色眼镜去看待她的成绩，从而得出“女人果然还是不行”的结论。而这个结论，又会进一步加深你的固定观念。这种现象就叫作“确认偏误”。

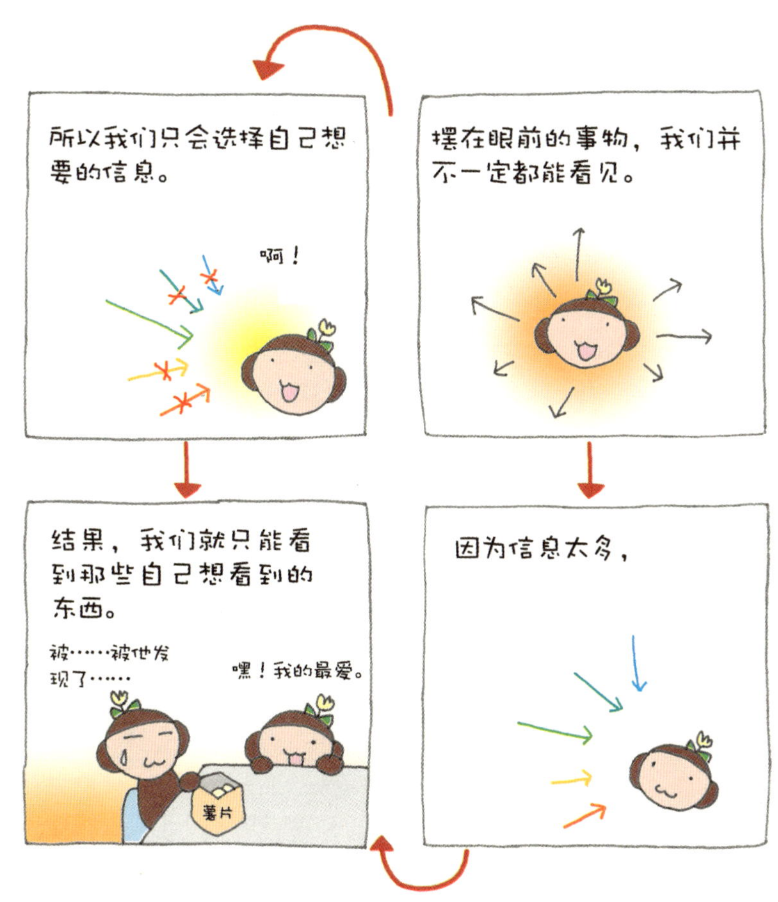

我们无法同时处理两个信息

人类不善于同时处理多项任务

我们头脑中的熟虑系统，不善于同时处理两个信息。虽然有的时候我们貌似可以同时做几件事情，但实际上，那种“一心多用”的状态只能维持很短的时间。有人说，我可以一边开车一边操作智能手机，其实，当人在操作手机的时候，心思已经暂时脱离了驾驶汽车。不管从行为经济学、心理学还是脑科学的角度来看，一边开车一边操作手机，都是一种非常危险的行为。

当我们想同时处理两个或多个信息的时候，大脑内部就会发生相互干涉，下面我就带你体验一下所谓的“相互干涉”的感觉。美国心理学家约翰 · 斯特鲁普（John R. Stroop）曾经设计了一个实验，人们将他的实验结果称为“斯特鲁普效应”（Stroop Effect）。下面就请你来体验一下。首先，请你阅读下面方框中的汉字。

白　红　黄　青　红　绿　黄

我想读这些汉字大家都没有任何问题。那么，接下来请你回答下面方框中圆点的颜色。

判别颜色，你也应该没什么问题。那么，下面请你回答下面汉字的颜色。注意，不是汉字所表示的意思，而是汉字本身的颜色。

红　黄　青　白　红　绿　青

这次，你读得是不是就没有前两次那么顺畅了？搞不好中途还得停下来想一想，才敢开口。这说明，当我们想同时处理两种信息的时候，脑内的认知就会相互干涉，因此延缓了反应速度。本来是想说出文字的颜色的，但眼睛又会无意识地看到汉字的意思，所以没准瞬间就会读出汉字的发音，而把汉字的颜色忘在了一旁。

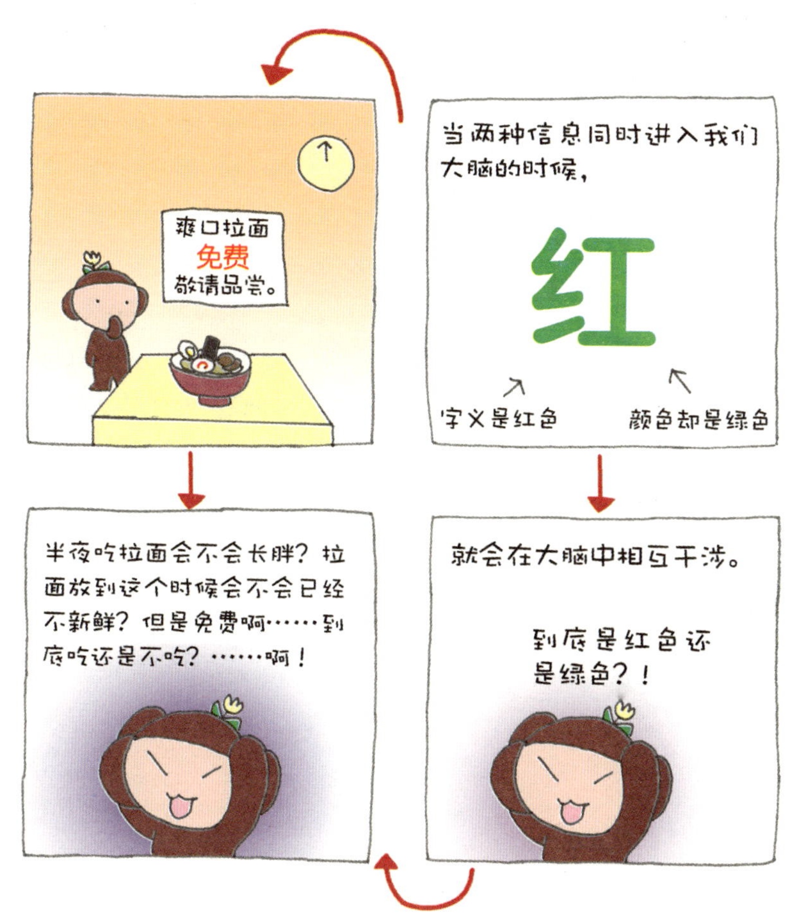

损失与收益的价值差

展望理论①/价值函数

我们在面对收益和面对损失的时候，感知方法是不同的。卡尼曼教授和特沃斯基教授根据实验结果、通过数据分析，将个人衡量损失与收益的标准进行了量化，建立了一个衡量决策得失的数学模型，也就是"展望理论"（Prospect Theory，也叫前景理论）。展望理论与现实非常接近，可以非常准确地解释人们的行为。在这个理论的数学模型中，决策的标准由"价值函数"（value function）和"权重函数"（probability weighting function）构成。

在展望理论的模型中，价值是从作为评价标准的参照点（原点）出发所产生的变化中得到的。我们研究的重点并不是最终的结果，而是相对于参照点所发生的变化，看是多了还是少了。所谓价值函数，是指"对于决策者所获得的收益或蒙受的损失，决策者对其中价值的变化所做出的主观反应"（请参看下一页的图1）。价值函数的一个特征是"感应度递减性"。通俗地讲就是，不管收益还是损失，当数值比较小的时候，人会非常敏感，但当数值变大后，人对数值的变化就相对迟钝了。

所谓权重函数，是指概率中存在主观倾向。当函数曲线朝向收益一边的时候，就会呈现凸起状，这表示当人有可能获得收益的时候，人就会想实实在在地将眼前的收益抓在手中，而不想去冒风险的倾向。反过来，当曲线走到损失一边的时候，就会呈凹陷状，这表示当人面临损失时，为了避免损失敢于冒风险去赌一把，说明人有一种为了避免损失愿意承担风险的倾向。

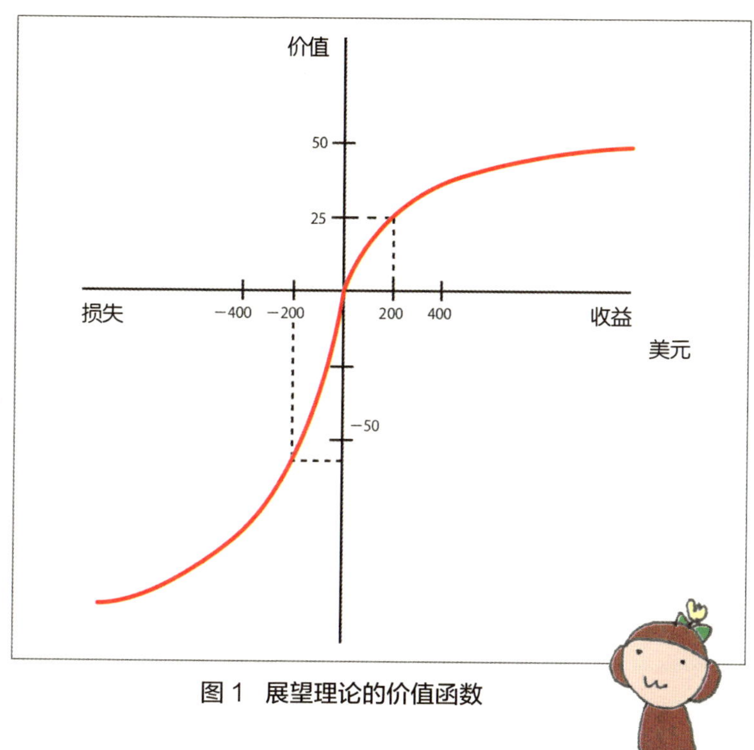

图 1　展望理论的价值函数

随着金额的增加，曲线变得越来越平缓。通俗地讲，对于 100 日元和 110 日元的差，人们会非常敏感。但是对于 10,000 日元和 10,010 日元的差，人们就比较迟钝了。

另外，对于收益的价值和损失的价值，人们的感知是不同的。上图中，对于 200 美元的收益，人们的喜悦程度为“25”，但当蒙受 200 美元损失的时候，人们的难过程度比“50”还要稍多一些。

损失与收益的价值差

展望理论②/损失厌恶的倾向

从上一页的图 1 我们可以看出，横坐标的损失与收益并不是我们评价的对象，纵坐标才是应该关注的重点，即损失和收益在人们心中的价值。由图可见，与收益相比，同等金额的损失对人们造成的影响更大（大约在 2 ~ 2.5 倍之间）。看来，大家都有损失厌恶的倾向。下面给你看一道例题，你可以通过这道例题来分析一下损失的价值和收益的价值在人们心目中的差异。

我们来玩一个抛硬币赌输赢的游戏。硬币落下后，如果是背面，你必须得给我 1000 日元；但如果是正面，那我将给你 ×× 日元。请问，如果抛出了硬币正面，我输给你多少钱，你才愿意参加这个游戏呢?

从概率学上说，抛硬币时出现正面的概率是 1/2，出现背面的概率也是 1/2。因此从这个角度来说，抛出背面你输 1000 日元的话，那么抛出正面你也只能赢 1000 日元，这才是一场公平的游戏。但是，损失厌恶的倾向在人们心中十分强烈，损失 1000 日元的痛苦和赢得 1000 日元的喜悦，其强烈程度在人的心目中是完全不同的。所以，如果输赢都是 1000 日元的话，那么大部分人都不愿意玩这个游戏。那么，就像例题中所问的那样，如果硬币抛出正面，你赢多少钱才愿意玩这个游戏呢? 也就是说，在你心中，收益多少钱的喜悦，才能和损失 1000 日元的痛苦相抵消呢?

研究人员一共向 594 人（其中男性 404 人、女性 190 人，年龄段 10 ~ 79 岁）提出了这个问题。结果，将所有人回答的数字平均下来，得到的是 2499 日元。由此可见，在大多数人心目中，损失 1000 日元的痛苦和获得约 2500 日元的喜悦，在程度上大体相当。换句话说，人们损失 1000 日元的痛苦，比获得 1000 日元的喜悦要强烈 2.5 倍左右。

如果将这次实验得到的数据更加具体地分析一下，还可以看到一些有趣的现象。男性回答的平均金额是 2355 日元，而女性回答的平均金额是 2804

日元。男女之间的数字相差大约 450 日元，看来女性与男性相比更加不愿意蒙受损失，她们对损失的反应更加强烈。

因此，我建议各位男性朋友要理解女性的这种心理特征，自己的言行最好不要让女性感到有损失，否则后果可能会很严重。不论是在职场，还是私人生活中，男性都应该做到这一点，体现自己的绅士风度，永远让女性觉得自己没有吃亏。

第二章总结

◎ 人的头脑中平行运行着两个判断系统——“自动系统”和“熟虑系统”。

◎ 当没有明确的线索时，我们会使用一种“启发式”的探索方法来判断事物，但这种方法有时会出错。

◎ 启发式探索方法中包含“锚定效应”“可得性启发”“代表性启发”。利用这些方法得到的判断结果，会伴随着一定的偏见。

◎ 当我们在预测某件事的时候，最初提示给我们的那个数字会对我们的判断造成极大的影响。这种现象就叫作“锚定效应”。

◎ 看过昂贵的戒指再看便宜的戒指时，我就会感觉后面那个戒指非常便宜。于是我把便宜的戒指买回去送给老婆，老婆知道事情的经过后却对我大发雷霆。这就叫作“廉价戒指效应”。

第三章

Chapter 3

第三章 人们为什么喜欢先“比较”然后再“模仿”？

在我们的头脑中，有一个“基本原理”，那就是“比较”。我们会通过比较来判断一件事是有利还是有害，然后才会决定下一步的行动。在这一章中，我将为读者朋友们讲解我们头脑中这个“比较原理”的构造，以及进行模仿、和别人保持一致的行为特征。

任何事情我们都爱做“比较”

分析的基础是“比较”

前一章我主要给大家介绍了“直觉”的失误，以及自动判断系统所产生的启发式偏见。在这一章中，则主要讲解熟虑系统在进行判断时的一些特征。熟虑系统进行判断的基本模式是首先判明“A 和 B 不同”还是“A 和 B 相同”。当我们获得一个新信息 B 的时候，会和之前已经掌握的信息 A 进行比较，并判断出 B 和 A 是“不同”还是“相同”。如果“不同”的话，则会进一步进行分析，判断到底哪里不同。

我们以新上市的汽车和它的价格为例，来讲一讲人们判断的过程。假设你最近通过广告看到一辆非常喜欢的新车，询问得知，它的价格是 150 万日元。这个价格就是新信息 B。而在你的记忆中，对于同等级别的新车的价格，多少有些概念。这个信息就是 A。当获得新信息 B 之后，你就会拿 B 和 A 进行比较，如果两者“相同”的话，你就会觉得新车的价格 B 比较妥当。如果两者“不同”，而且 B 比较高的话，你就会感觉新车的价格 B“贵”了。上述比较过程就是我们进行判断的基本模式。我们会在各种各样的信息中无意识地进行比较选择，然后选出自己认为有意义的信息。这样的处理过程，在我们的大脑中随时都在进行。

作为比较的标准，A 特别重要。因此，前一章介绍的“锚定效应”对我们的判断会造成很大的影响，那只船锚，就是比较的基础——A。如果心中没有 A 的话，人就无法比较“不同”或“相同”，拿前面的例子来说，人就无法感觉新车的价格是便宜还是贵。不仅价格判断如此，人在判断面容的时候也是同样的道理。当看到一个熟人的脸时，我们瞬间就会做出判断，这张脸和记忆中的某张脸“相同”。认出她是熟人之后，我们的大脑还会花些时间来判断她的发型是否和以前相同、今天是否化了妆。人非常善于辨别人脸，科学家研究发现，人脑中辨别人脸的脑细胞也异常发达。尤其是对同一民族的人，能够巨细靡遗地辨别出脸上的细微差别。比如，日本人看日本人，就能很容易辨别出不同的人。但是对外国人，特别是肤色不同的人种，就不那么容易辨别出来了，比如日本人看美国白人，会感觉他们大体长得差不多，这可能是因为没看习惯的结果。

本章就将以人们通过比较进行判断的行为、原因与众人采取一致行动的倾向以及不可思议的判断偏见为中心，讲解人类判断系统中的有趣特征。我首先从人为什么会通过比较来获得幸福，以及金钱的影响力与“幸福感”的话题讲起。

人在与他人进行比较的过程中感受幸福

相对所得假说①

你生活得幸福吗?

衡量幸福的标准，可谓千差万别；对幸福的感受也是因人而异。有的人认为拥有亲密的爱人就是最大的幸福；有的人认为做一份自己喜欢的工作，人生就完美了；有的人认为吃到美味的食物会得到无法比拟的快乐；有的人认为赚大钱才是人生唯一的幸福……

二战后，大多数日本人相信经济发展会给自己带来幸福，于是抱着这个信念努力工作着。但是，单从数据看的话，事实并非如此。从 20 世纪 60 年代开始，日本的 GDP 增长了 4 倍左右，但国民对生活的满意度几乎没有变化。另外，有人认为只要有了钱，就一定会幸福，但事实也并不一定如此。日本曾经就收入与幸福度的关系对国民进行了问卷调查，结果显示，年收入增加时会给人带来幸福感，但是，当年收入达到一定高度时，又会出现幸福度下降的现象。也就是说，当钱多到一定程度之后，生活就会随之产生相应的痛苦。总而言之，物质生活的富足和内心的幸福感受，并不一定总是正比例关系。

我们无法根据收入的金额来推测幸福的程度，但是，我们可以通过和别人比较来感受到幸福。这就叫作“相对所得假说”。

在当今的日本社会中，研究者调查 20 多岁年轻人的幸福指数时，得到一个不可思议的发现。按理说，日本泡沫经济崩溃后陷入了长达 30 多年的不景气，再加上美国次贷危机的影响，年轻人面临着就业难、失业率高的困境，年轻人的物质生活相对来说是不太富裕的。因此，按照常理推断，年轻人应该感觉不太幸福。可是，现实生活中，日本的很多年轻人并不觉得自己有什么不幸福的，因为他们没有体验过当年日本经济高速增长的繁荣，生来就在经济不景气的时期，而且他们发现，不是只有自己过得不富裕，其他人的状态也都和自己差不多。经过这样的比较，年轻人就不会感觉有多么不幸。

收入上升的时候，

150万 300万 500万

人内心的幸福度也会随之升高。

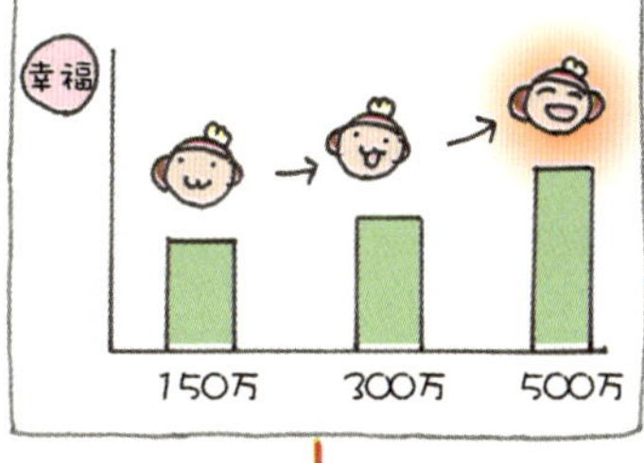

但是，当收入升高到一定程度后，幸福度就不再升高，

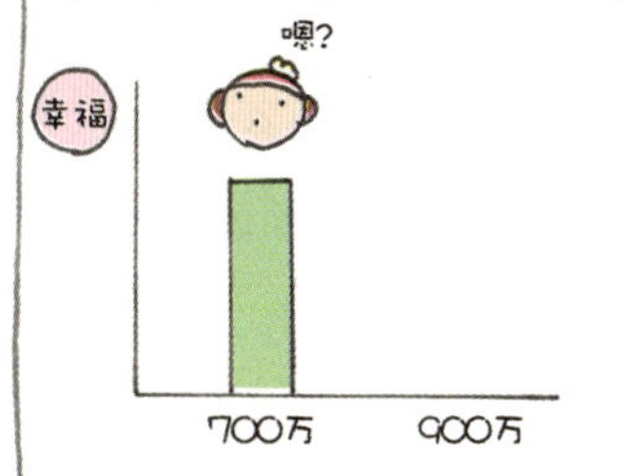

然后还会随着收入的升高而下降。

金钱的多少和幸福感并不总是正比例关系。

低收入猴子抗议集会

人在与他人进行比较的过程中感受幸福

相对所得假说②

收入的高低和幸福感之间并没有我们想象的那种密切的关联性。甚至有的研究者称，两者一点关系都没有。但是我想，现实中的很多人还是以提高收入为目标在努力工作吧。而且实际上，对现在的收入满意的人远远没有不满意的人多。这种状况又和研究者的结论有所出入。

人对其他人的收入异常敏感。尤其是以前的同学、同期进入公司的同事、同一部门的同事等和自己有直接关系的人的收入，会特别引起人们的关注。人们想知道的不仅仅是“收入的金额”，还想知道以这个收入为衡量标准进行比较之后，自己和别人所得到的“评价”。因为每个人都想获得社会和他人的认可，想受到重视，也想比别人更加优秀。所以人们愿意去了解别人的收入情况。如果跟自己差不多的人没有自己收入高，他们自然会觉得自己高人一等。但反过来的话，就会垂头丧气。因此，很多人不满足于自己当前的收入，其实并不是单纯地为了追求更多的金钱，而是希望能在和别人的比较中占据优势。人类还真是一种不可思议又有点麻烦的生物！

三四十岁的中年人开同学会的时候，男人们都会竭尽全力地炫耀“自己的收入有多么多么高”“自己的老婆有多么年轻多么漂亮”。其实这背后是一种“求认同的欲望”在作怪，希望别人能够认可自己的价值，希望别人认为自己是一个事业有成、家庭美满的人，希望听到别人的赞美之词。尤其是男性，这种欲望比女性要强烈得多。“我一年能挣700万日元，而同行业竞争对手公司的年薪只有500万日元。我有一个朋友更厉害，一年能挣1000万日元……”我们经常能听到男人在喝了几杯酒之后，就开始吹嘘自己的收入。我劝这些朋友冷静下来，先仔细思考一下自己的幸福感、满足感从何而来，难道真的是金钱吗？自己比别人强就幸福吗？

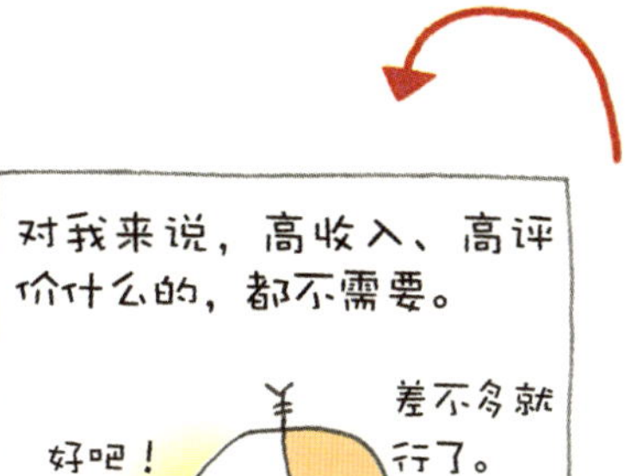

对我来说，高收入、高评价什么的，都不需要。

我所追求的是更高层次的东西。怎么还在升高？！

收入和幸福度似乎并没有那么紧密的联系。

可是，为什么大家都在为了高收入而拼命工作呢？

我是经济犬，会合理思考的男人。

1000 日元并不是在所有情况下都值 1000 日元

降价占商品价格的比例，影响它在人们心目中的价值①

在经典经济学的理论中，1000 日元的金钱不管放到哪里都具有相同的价值。但现实生活中果真如此吗？其实不然。这 1000 日元你是怎么赚来的？不同的赚法它在你心目中的价值不同。你钱包中现在有多少现金？你钱包中有 10,000 日元和只有 1000 日元，那 1000 日元在你心目中的价值肯定也不同。

卡尼曼教授和特沃斯基教授曾进行过一项实验，以研究金钱在人们心目中的相对价值。

> **问题 1：“你原打算买一支 25 美元的钢笔，但朝商店走了 15 分钟之后，你突然想起有另外一家商店在搞大甩卖，同样的一支钢笔只卖 18 美元。这时你会怎么办呢？”**
>
> **问题 2：“你原打算买一套 455 美元的西装，但朝商店走了 15 分钟之后，你突然想起在其他商店可以花 448 美元买到完全一样的西装。这时你会怎么办呢？”**

实验结果显示，大部分人几乎都选择去另一家商店买钢笔，这样可以便宜 7 美元。而大部分人几乎都不会再跑去另一家商店买便宜 7 美元的西装。钢笔原来的售价是 25 美元，而 7 美元跟它原来的售价相比，所占比例比较大，所以钢笔便宜 7 美元在人们心目中是一个很大的降价比例。因此即使走到另一家商店要多花些时间，但很多人还是愿意去买便宜 7 美元的钢笔。但是，换成买西装之后情况就不一样了，西装的价格比较贵，相比之下，7 美元占西装原价的比例很小，因此便宜 7 美元就没什么诱惑力了。大多数人不愿为省下这 7 美元而走更远的路。

看来，与降价金额相比，大部分人更看重的是降价的比例，因此同样降价 7 美元的情况下，大部分人会去买降价比例高的钢笔，买西装时则不愿为这 7 美元跑腿。

不过“大部分人”这个说法有点含糊，而且用美元做实验，日本人也不容易产生共鸣，所以我单独设计了下列更符合日本人思维习惯的实验。

问题 3：“你打算去买一张内存卡，距离你家步行 10 分钟路程的 A 店有这种内存卡卖，售价为 5000 日元。但是，再往前走 10 分钟的 B 店，同样的内存卡只卖 4000 日元。你会去 B 店买吗？”

问题 4：“你打算买一台笔记本电脑，距离你家步行 10 分钟路程的 A 店有这种笔记本电脑卖，售价为 149,000 日元。但是，再往前走 10 分钟的 B 店，同样的笔记本电脑只卖 148,000 日元。你会去 B 店买吗？”

这两个问题主要是考察对 5000 日元和 149,000 日元来说，“1000 日元”在人们心目中的价值有什么不同，以及 10 分钟的步行与 1000 日元相比，哪个价值更高一些。对日本人来说，7 美元的话可能没有什么具体感觉，但 1000 日元大家都能非常具体地想象出它的价值。1000 日元占 5000 日元的比例为 20%，而占 149,000 日元的比例仅为 0.67%。

你会做何选择呢？我们一起来分析一下。

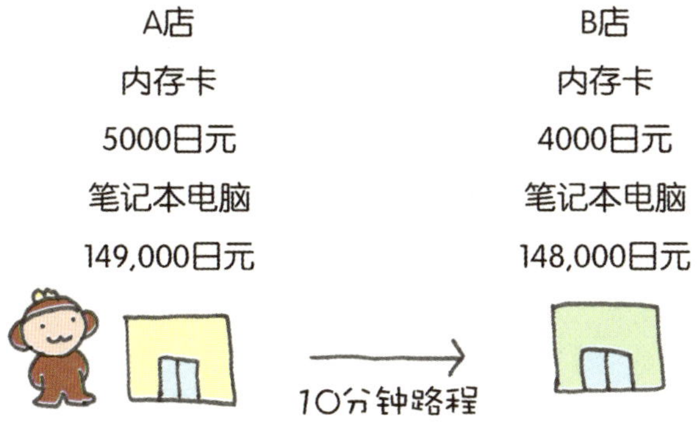

1000 日元并不是在所有情况下都值 1000 日元

降价占商品价格的比例，影响它在人们心目中的价值②

就前一页的问题3、问题4我们对民众进行了调查，最终一共得到932人（男性 645 人、女性 287 人，年龄段为 20~79 岁）的回答。

A 店卖的内存卡 5000 日元，多走 10 分钟的 B 店同样的内存卡卖 4000 日元，结果有 92.4% 的人选择多走 10 分钟去 B 店购买。而不愿多走路，就在 A 店买内存卡的人只占 7.6%。看来 20% 的降价幅度还是很有吸引力的。接下来是笔记本电脑的问题，愿意多走 10 分钟去 B 店买 148,000 日元的笔记本电脑的人占 73.8%，而选择在 A 店买的人占 26.2%。调查结果显示，虽然没有出现像卡尼曼教授和特沃斯基教授所说的那样“大部分人都……”的情况，但在 A 店以高出 1000 日元的价格买东西的人还是由 7.6% 上升到了 26.2%，增加了 18.6%。由此可见，虽然大家还是更倾向于买便宜的商品，但是，降价所占商品原价的比例，还是能够影响人们内心的选择的。

实际上，这个话题到此并没有结束。近几年来，一提到买东西，除了 A 店、B 店这样的实体店之外，网店也是一个不可忽略的重要因素。于是，我再给“问题 4”加上一句话：“后来你又得知同款笔记本电脑在你经常购物的那家网店也有销售，售价是 15 万日元，而且卖家包邮。这种情况下，你会选择在哪家店铺购买呢？”结果，选择在网店（15 万日元一台，返点、积分之类的优惠此处不计算在内）购买的人占到了 25.6%；选择在 A 店（离家步行 10 分钟，149,000 日元一台）购买的人占到了 20%；而选择在最便宜的 B 店（离家步行 20 分钟，148,000 日元一台）购买的人占到了 54.4%。虽然网店和 A 店的价格比 B 店高，但合计还是有 45.6% 的人选择了网店和 A 店。看来人们选择的依据除了商品的价格、降价的比例之外，还有便利性等多种因素。

该去哪家商店买呢?

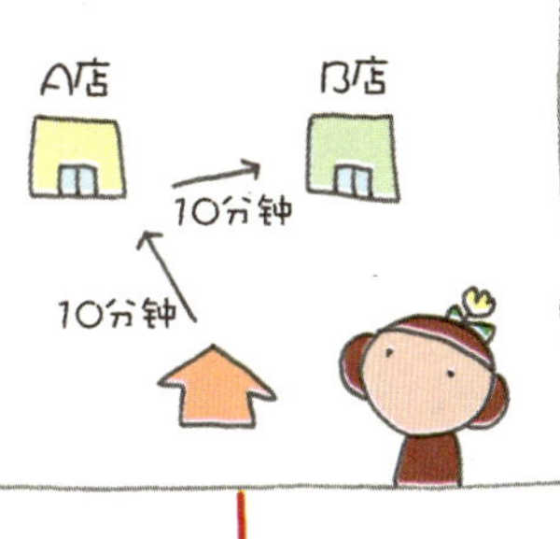

如果是价格比较低的内存卡，那么便宜1000日元，其优惠幅度还是很大的。

但是，如果换成价格比较贵的笔记本电脑，那么便宜1000日元的诱惑力就小多了。

人会思考相对的优惠比例。

1000日元对于15万日元的笔记本电脑来说，根本算不了什么，还是在网店买算了。

打开电脑去网店下单之前，我先玩了会儿网络游戏……玩完之后发现网店的电脑涨价了……

事物的价值今天和明天会有很大的不同

双曲贴现/我们心中的价值与时间的关系

前面为大家讲解了1000日元在商品价格中所占的比例不同，它在人们心目中的价值也大不相同。其实，还有其他因素也会导致人们心中的价值的变化，那就是时间。先举个例子，假设你今天可以得到1万日元，而且，如果你今天不要的话，以后任何时候都可以领取。面对这个选择的时候，大多数人都会想："还是今天就领了吧。"因为与未来的幸福相比，人们更重视眼前的收益。这也意味着，在人们心目中，1万日元的价值在未来会贬值。但是，这1万日元的价值并不会随着时间的流逝以稳定的比例贬值。明天与今天相比，贬值的幅度最大。但是，一年后（365天后）与一年零一天后（366天后）相比，1万日元在人们心目中的价值基本上没什么变化。换句话说就是"今天与明天的差，大于明天与后天的差"。一个事物"现在"的价值会在"稍后一点时间"出现较大的贬值，但是在"再后来""再再后来"，贬值的速度就会降下来。这个概念在行为经济学上称为"双曲贴现"（Hyperbolic Discounting）。

在日常生活中我们都知道减肥和戒烟很难，其实，其中的难点就可以用这个原理来解释。大家都知道减肥和戒烟的好处，但是，与未来的好处相比，"再吃一碗饭""再抽最后一支烟"的诱惑实在难以抵挡。也就是说，与未来的价值相比，当前的价值更大、更诱人。我们对"现在"的价值，总是看得很高。

另外，双曲贴现效应存在较大的个人差异。未来的价值在有些人眼中贬值比较大，而在有些人眼中贬值比较小。据研究人员调查发现，未来的价值在高收入者眼中贬值比较小，在男性眼中贬值比较大。再有，花很多钱在饮食上的人、喜欢赌博的人，在他们心目中，未来的价值贬值也比较大。

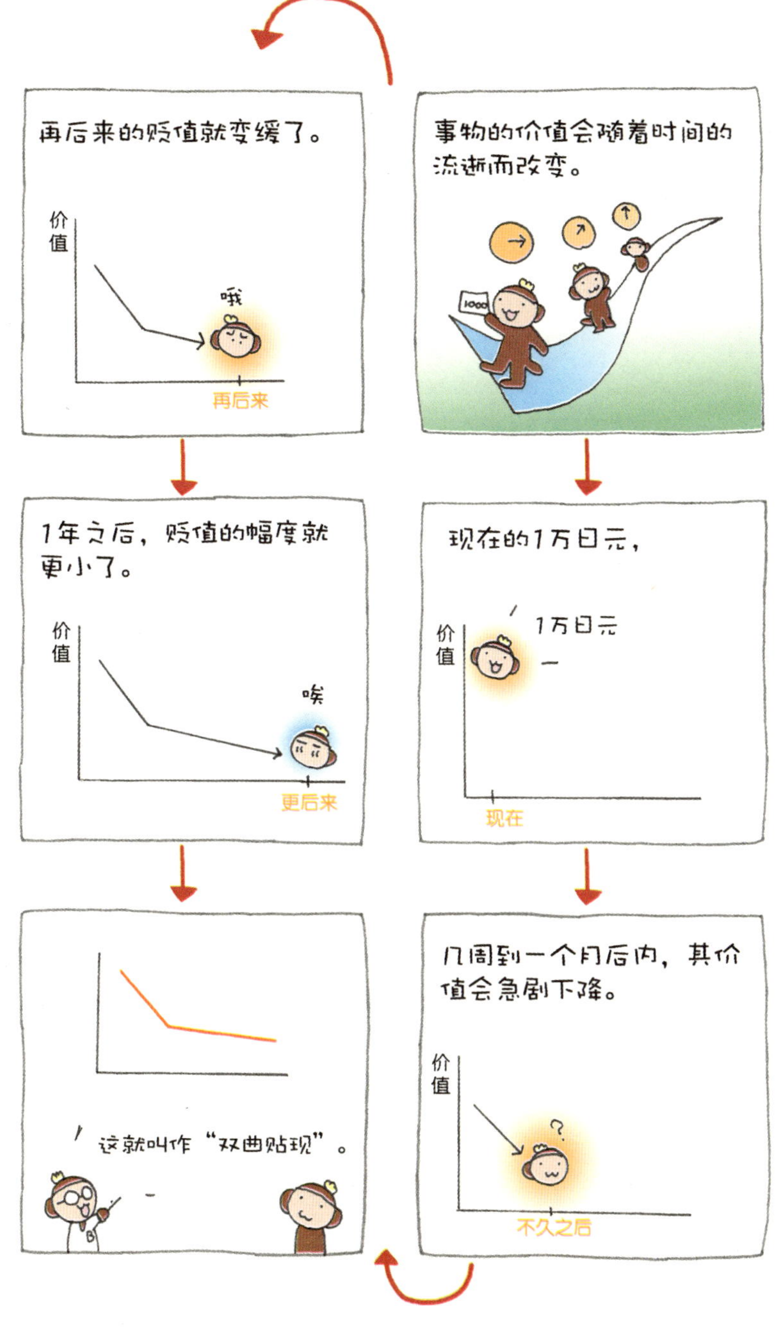
事物的价值会随着时间的流逝而改变。
1000
现在的1万日元，
价值
1万日元
现在
几周到一个月后内，其价值会急剧下降。
价值
?
不久之后
再后来的贬值就变缓了。
价值
哦
再后来
1年之后，贬值的幅度就更小了。
价值
唉
更后来
这就叫作“双曲贴现”。
B

你的选票可能被操纵了？！

根据片段的信息做出危险的选择

我先给你提一个问题。在一次选举中，出现了下面两位候选人，看完他们的简介之后，你会把票投给谁呢？

A：此人学生时代曾经因修改成绩单而被学校开除，同学们都称他是“欺诈师”。长大成人之后，他通过经营一些不能见光的生意赚了很多钱，他是一个快乐至上主义者，也是一个花花公子。

B：此人年轻时的理想是成为一名画家，但他画的古典风格的绘画并没有得到认可，因此在绘画的道路上他没有取得成功。他是一个素食主义者，讨厌香烟，偶尔喝一瓶啤酒。他非常爱国。始终过着禁欲的生活。

A 是奥斯卡 · 辛德勒，B 是阿道夫 · 希特勒。辛德勒曾经在第二次世界大战中保护了很多犹太人，让他们免遭纳粹的屠杀；希特勒则是纳粹德国的领导人。不过，看了前面的简介之后，可能大多数人都觉得 B 这个人更靠谱、更值得信赖。为什么会觉得 B 可靠呢？因为那篇简介文字营造了一个典型的“好人”形象。其实上述简介就是典型的启发式偏见的陷阱。

有人可能会不服气地说：“拿人好的一面和别人坏的一面比，我们当然容易选错了。”如果能够从整体上把握一个人，当然不会选错了。但是，在现实的选举活动中，那些并不固定支持某位候选人的选民，经常会被一些片段的信息所蒙蔽。比如，他们只凭借新闻报道中对某位候选人的评价，或者看到某位候选人在电视演讲中的表现，感觉“这个人看上去比较诚实”，就武断地把手里的选票投给了他。这种判断经常会出现偏见。很多选民不认真去研究候选人的出身、背景，不去从整体上把握这个人的品质、能力，只是根据片段的信息，甚至根据自己的喜好，有选择地只看某一部分信息，然后做出选择，这样的选择当然有问题。这也是政治家经常出现丑闻的原因之一。另一个原因，也是更主要的原因，就是政治家们都善于操纵自己的形象，借此给选民施加很强的影响。虽然选民都说，那是我根据自己的意愿选出来的领导人，但实际上，说不定选民们的意愿早已被控制在别人的手中。

另外，当选民产生“我想投票”的意愿之后，就容易把目光放在候选人好的一面上，对于他不好的一面，则有睁一只眼闭一只眼的倾向。而且，当选民看到某个候选人占据优势即将获胜的时候，也会转而支持这位候选人。在心理学上，这种现象被称为“随大流效应”（Bandwagon Effect）。

因此，作为选民，我们应该从“好的方面”和“不好的方面”全面地审视一位候选人，然后再做出冷静的判断。不负责任地投票，最终还是我们选民自己遭殃。

选项越多，人越不愿选择

选项过多的后果 / 在超市卖果酱的实验

当我们进行选择的时候，有人说选项越多越好。因为选项多的话，自己可以进行充分的选择，有更大的可能选择出自己最喜欢的，这将提高自己对这次选择的满意度。但是，行为经济学的理论可不这么认为。

哥伦比亚大学商学院的希娜 · 艾扬格（Sheena Iyengar）教授和斯坦福大学的马克 · 莱帕（Mark Lepper）教授为了研究选项数量与人的购物欲望之间的联系，进行了一项实验。他们在北加利福尼亚的一家超市中搭建了一个试吃果酱的摊位。首次放了 6 种果酱让顾客品尝，第二次实验时放了 24 种果酱。结果，只摆出 6 种果酱的时候，有 40% 的顾客试吃了果酱；而摆出 24 种果酱时，有 60% 的顾客试吃了果酱。但真正令人吃惊的是随后的购买率。摆出 6 种果酱的时候，有 30% 的顾客购买了果酱；而摆出 24 种果酱的时候，只有 3% 的顾客购买了果酱。

这个实验说明，当选项很多的时候，可以提高商品整体的魅力，从而吸引很多顾客的目光。但是，选项太多也有负面作用，就是会令顾客迷惑，不知道该买哪一个，最后购买欲望反倒降低了。

虽说我们凡事都喜欢做比较，但是，当比较的标准不清楚、需要比较的选项太多时，我们就有停止比较的倾向。当你晚上下班后，去酒馆喝酒解乏的时候，当看到酒馆的菜单非常丰富，菜品种类繁多的时候，你首先会感到很高兴。但马上你就会为点什么菜犯愁了。犹豫半天过后，只得询问店员：“你们这里的招牌菜是什么？你帮我推荐两个菜吧。”这种情况有没有在你的身上发生过呢？由此可见，选项太多，并不一定是好事。

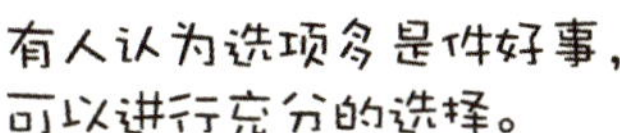
有人认为选项多是件好事，
可以进行充分的选择。

但是，当人选购商品的时候，
这……这……

选项太多反而容易让人陷入
纠结之中。

我们喜欢的是比较简单明
了的比较。
A > B
面对很多选项，人就难以抉
择了……
F > A
A = C
D > E
B > E
我到底该选哪个……？
A > D

我就是这样被你
选出来的吗？！
不是啦！

为什么手机的资费套餐都那么复杂？

防止客户转投其他公司的小技巧

日本移动电话的总签约量为 1 亿 4000 万（2014 年），而日本的总人口只有 1 亿 2700 万。也就是说，日本人人均有一部以上的手机。而随着手机的高度普及、用户的大量增加，手机服务的质量、方便性也大大提高了。比如 Twitter（推特）、微信等社交软件的普及，就是基于移动互联网的普及，而移动互联网的普及，也给人们的生活带来了诸如 Twitter、微信等非常方便、有趣的服务。手机的普及让移动互联网渗入了我们生活的每一个角落，如果不使用手机的话，我们就会感到极大的不方便，甚至会产生孤立感。这也反过来推动了手机和移动互联网的推广、普及。

在手机不断普及的今天，提供网络服务的网络运营商也在不断推出各种新的资费套餐和新的服务项目，还有层出不穷的优惠服务，让用户们有点眼花缭乱的感觉。有些新签约入网的手机用户，为了咨询资费套餐和服务项目上的一些问题，跑到正规的网络运营商代理店去，结果店员也搞不清楚。打网络运营商的服务电话咨询，电话那头的客服人员回答得也是模棱两可，让用户摸不着头脑。为什么会有如此复杂的资费套餐和服务项目呢？就连本公司负责销售和客服的员工都说不清楚。

表面上看，不断推出新的资费套餐和服务项目，是为了吸引新的客户签约入网，但实际上，网络运营商这样做的真实目的是为了留住那些老用户。为什么呢？因为资费套餐越复杂，用户就难以和其他公司的资费进行比较，这样也就不会轻易转投到其他公司了。当人觉得有点过于复杂的时候，就会放弃比较。这样一来，再加上维持现状偏见的作用，老用户转投新公司的概率就会大大降低。另外，很多资费套餐都是按年计算，还有返点、积分等优惠条件的诱惑，如果其他公司没有极大力度的优惠，老用户是不会投奔新公司的。

再搞复杂一些！让人类无法比较。
是！
是！
有很多服务，我都用不上啊……
请帮我把A服务取消吧。
什么？
不知道有这个服务。
请帮我把A服务……
我也不太清楚，我帮您转接，请稍等。
您好！这里是儿童心理咨询中心。

“免费”的魔力与危险性

“免费”的效果及其危险性与未来①

比较，作为我们人类的一个基本判断系统，其实会受到各种各样的事物的影响。特别是当被比较的一方是“免费”时，我们往往都会产生过度的反应，“免费”的魅力超出了我们的预期。当我们逛超市的时候，也许并没有打算购买某种商品，但当看到它们“免费”的时候，顿时就会产生浓厚的兴趣。免费获得某种商品的时候，人会感受到强烈的满足感。

曾经有媒体在 2014 年进行过一项调查，看大家对手机软件“免费”和“付费”的态度。结果获得了 3600 个有效回答。回答愿意下载“付费”手机软件的人近 20%，而愿意下载“免费”软件的人占到了 85%。看来大多数人都更喜欢免费的东西。

多年前，亚马逊曾经对单次购物金额未满 1500 日元的顾客收取 300 日元的运费，但是，偶尔也会限定期限对图书商品实施免运费服务。以前，很多人为了凑够单次消费 1500 日元免运费的限额，不得不买一些自己不想要的书，而也有一部分顾客比较能够控制自己，“不凑够 1500 日元就先不下手”。亚马逊推出的免运费服务，对这两种人的吸引力是最大的。免运费，对于激发顾客的潜在消费欲起到了超越预期的效果，为亚马逊销售额的增长做出了巨大贡献。后来，亚马逊扩大了免运费商品的范围，而且也不再为免运费服务设置时限。虽然亚马逊没有公布免运费后销售额增长的具体数字，但是据说即使在降价促销期间，销售额依然有很大的提高。看到亚马逊免运费取得了很好的效果后，销售其他类型商品的电商也纷纷效仿亚马逊，推出免运费服务。后来，销售时装的电商也免去了运费，这在消费者中掀起了轩然大波，吸引了很多新顾客，也大大提高了销售额。“免费”的效果对于女性更加明显，所以，销售女性商品的电商推出免运费服务后，会取得暴增式的销售业绩，比如时装电商。

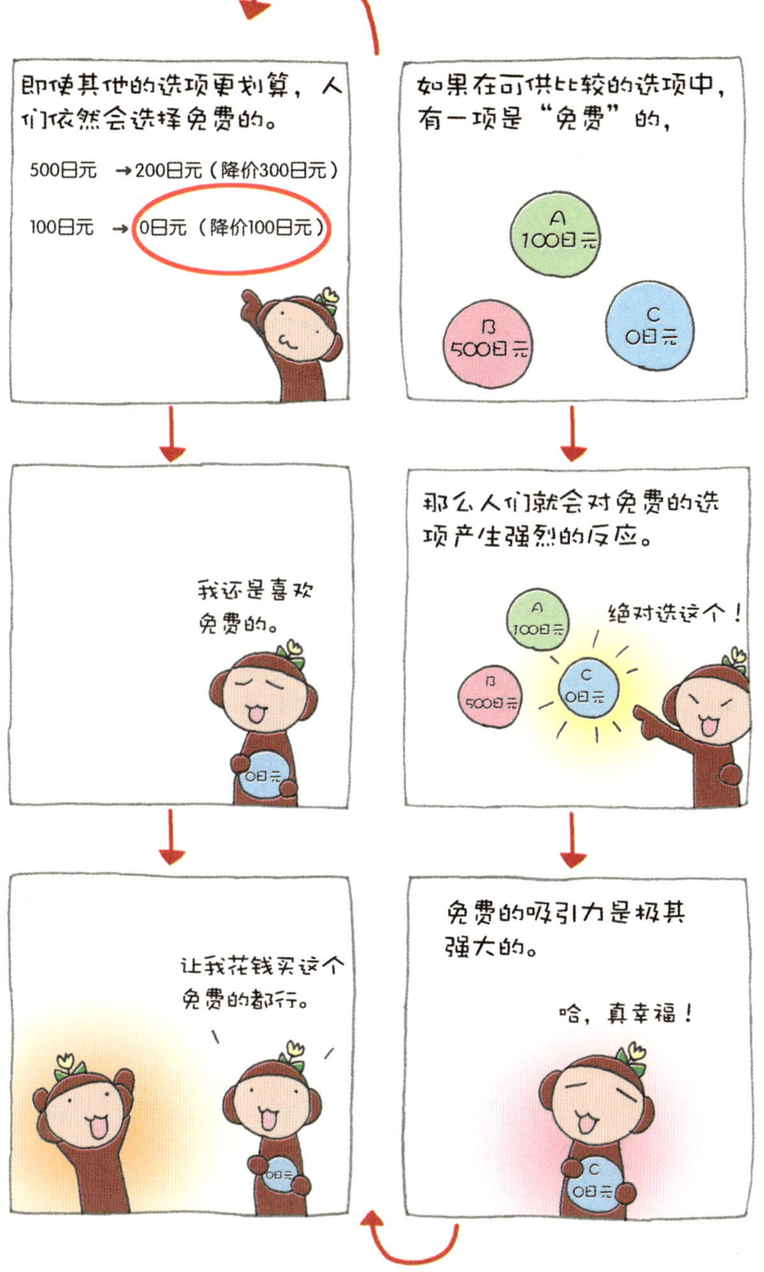
如果在可供比较的选项中，有一项是“免费”的，
A 100日元
B 500日元
C 0日元
那么人们就会对免费的选项产生强烈的反应。
A 100日元
B 500日元
C 0日元
绝对选这个！
免费的吸引力是极其强大的。
哈，真幸福！
C 0日元
即使其他的选项更划算，人们依然会选择免费的。
500日元 →200日元（降价300日元）
100日元 →0日元（降价100日元）
我还是喜欢免费的。
0日元
让我花钱买这个免费的都行。
0日元

“免费”的魔力与危险性

“免费”的效果及其危险性与未来②

我们为什么会对“免费”痴迷到如此程度呢？也许很多人会想：“单纯地说，我只是想选最划算的一个，而免费的就是最划算的。”实际上，人们喜欢“免费”最主要的原因并不是“为了划算”，而是“避免损失”。人们回避损失的念头要强于获得收益的念头，因此有研究者认为，人们愿意选择“免费”的商品或服务，是因为他们想：“免费的又不花钱，即使东西不好，我也不损失什么。”“免费”的吸引力对女性来说要强于男性，这也是女性损失厌恶的倾向比男性更强的结果。即使失败也不损失什么的安心感，让我们难以抵挡“免费”的诱惑力。

围绕人们对“免费”的反应，我再给你介绍一个有趣的事例。某个智能手机的软件商店开展促销活动，对于原本收费的一些手机应用软件实施 24 小时限时免费下载。这个活动成为很多智能手机用户热议的话题，而且，在免费下载期间，那些曾经因为收费而少人问津的手机应用软件下载量暴增。但有意思的情况还在后面，24 小时免费下载期已过，那些软件又开始收费之后，下载量并没有随之减少，反而继续增加，甚至有的软件一天之内的下载量就增加了 6 倍。因为大家免费试用之后，对这款软件的口碑和排名都有很大好处。使用过之后，用户都说：“这个软件很有意思。”得到这样的信息之后，周围人就知道“下载这款软件不会后悔”，于是，即使花钱也会下载。

但是，任何事物都有双面性，“免费”也有一定的“毒性”。因为从商家来看，为顾客“免费”就必须得增加自己的运营成本。而且，更恐怖的是，也许有一天“免费”会成为我们心中的那只“船锚”。以前，商家要收 300 日元运费，可一旦变成免运费后，大家一下子都被吸引过来了。这是因为，人们把“运费 300 日元”当成了“船锚”，与这个船锚相比，免运费实在太有竞争力了。

关于锚定效应，我们在本书第一章中的实验显示，最初的一个船锚具有很强的基准效果，船锚不会频繁更换。不过，虽说第一个船锚作为衡量基准的效果很强，但是，这种效果并不会永远持续下去。几个月、一年、几年后，如果免运费一直持续下去的话，那么，免运费也许会成为一个新的衡量基准——船锚。对于最近才开始上网购物的人，他们最先接触到的就是免运费，所以在他们心目中，免运费当然是第一个船锚。而在他们看来，免运费是网购理所当然的事情，并不是商家为了争取顾客而采取的优惠措施。一旦商家收取运费，他们就会觉得不划算，转投其他免运费的商家。现在各大电商为了确保销售额，不得不全面采取免运费的措施，可是，这样做就压低了利润。为了保证利润，电商也有新办法，他们承诺的免运费是普通快递，而对于加急快递是要收费的。但是，最近由于快递行业人工费用和燃料费用的上涨，快递公司都有提高运费的意愿。这就让电商的处境异常艰难，电商经营者很清楚，如果对顾客收取运费，那么必然招致超越预期的抵制，到时搞不好销售额会大幅下降。因此，他们不敢贸然取消免运费的服务，这部分钱只能自己忍痛担负。

亚马逊公司在美国推出了一项会员制服务，只要顾客缴纳一定的年费成为会员，在亚马逊购买商品的时候就享受加急快递的免费服务。这项服务的推出，让销售额大幅提高。年会费是 79 美元（大约相当于 3900 日元），绝对算不上便宜。但是，在美国使用一般快递的话，下单后几天到一周左右才能到货，而免费的加急快递可以保证在两天内到货（日本则是下单当日到货），这对美国顾客来说也是极具吸引力的。顾客更喜欢自己购买的商品早日送到，因为在人们心中，这个商品的价值今天比明天的高，明天比后天的高。亚马逊公司在美国推出的会员制服务中规定，不管顾客单次购物的金额是多少，都不会额外收取运费，运费全免。而且，这项服务制度的高明之处还在于顾客可以免费享受 30 天的会员体验。一旦顾客体验了免运费购物的好处之后，在维持现状偏见的作用下，他们还会继续使用下去。再有，采用会员制之后，可以防止顾客流失到其他购物网站去。由此可见，亚马逊公司在美国推出的这项会员制服务，运用了多种行为经济学的理论，真可谓是一个非常优秀的系统。

确定的东西更容易吸引人

确定性效应／与概率相比，确定的东西更能给人带来安心感

我们比较的结果，并不是永远都正确。我们的选择也不会总是“占便宜”。我邀请你参加一个游戏，请看下面的两个选项，然后凭直觉选择一个。

A：你有80%的概率获得5000日元。

B：你有8%的概率获得6万日元。

在调查过程中，我们一共对594人（男性404人，女性190人，年龄段为10~79岁）提出了上述问题，并得到了有效回答。结果有522人（87.8%）选择了A。下面我们慢慢分析一下。选项A，5000日元的80%是4000日元；选项B，6万日元的8%是4800日元。也就是说，用期待值来比较的话，4000日元＜4800日元，显然是选项B要高一些。可尽管如此，还是有将近90%的人选择了A。不过，这也没有什么不可思议的。人在分析概率的时候，会掺杂很多的主观意愿。让我们比较55%和63%的概率时，就没那么快得出结论了。但当概率的数字接近0%或100%时，人就会变得异常敏感。概率接近100%，人就容易误认为这个事件确实会发生；而概率接近0%的时候，人就会感觉这个事件不可能发生。所以，当人们看到选项A中的概率是80%时，就感觉自己真的可以拿到5000日元；而看到选项B的8%时，就以为自己基本上没有希望拿到那笔钱。所以，虽然选项B的期待值比较高，但人们还是倾向于选择看上去更加“确定”的选项A。

这次我把两个选项略加修改，让这道题变得更加极端一些，也许你就容易理解了。

C：你确实会获得 5000 日元。

D：你有 10% 的概率获得 6 万日元。

上述两个选项中，C 的期待值是 5000 日元，D 的期待值是 6000 日元。和前一道例题一样，后者的期待值更高，原则上说，选 D 的人应该更多。但是之前的那 594 名受访者中，这次有 535 人（90.1%）选了 C。这个结果和经典经济学理论产生了矛盾。但是，人们对 100% 这一确定性的概率非常敏感，所以选择 C 的人比选择 A 的人还要多一些。这种现象就叫作“确定性效应”。确定性能给人带来空前的安心感，所以人们在进行选择的时候会优先从安心感出发，而把损益放在次要的位置上。

人总会不自觉地认为“默认设置”就是推荐选项

默认设置的效果

我们凡事都喜欢先做个比较，但同时，我们又不喜欢做复杂的比较，这就是我们的一种奇怪的特性。当人在进行选择的时候，会优先选择“默认设置”，这就将我们那种奇怪的特性淋漓尽致地表现了出来。

2000 年，瑞典推行了一种全新的退休年金制度。这项退休年金制度最大限度地尊重了个人选择的自由，为人们提供了尽量多的选项，让他们可以自由地进行选择。首先规定，参加这个退休养老计划的人，只要过了 61 岁，就可以随意选择开始领取养老金的年龄。现在加入这个养老计划的人，可以从 650 支基金中最多选取 5 支基金，建立自己的养老金投资组合。而对于那些不想自己选择基金的人，也为他们准备了一支基金，作为默认选项。起初尝试这项制度的时候，政府鼓励大家自己选择基金组合，于是，一开始有 70% 的参加者自己选择基金，构建自己的养老金投资组合。但是，从第二年开始，政府停止了鼓励大家自己选择基金的宣传，而计划中默认的那支基金收益要相对高一点，结果，第二年自己选择基金组合的人降到了 17.6%。这个比例连年下降，到了 2006 年，只有 8% 的人愿意自己选择基金组合。

当有一个复杂的比较摆在人们面前的时候，人们容易选择“不用费脑子进行比较的选项”。这时，默认的选项就成了人们的最佳选择，而且，大家还会不自觉地认为默认选项就是推荐选项。所以，默认选项的设置必须非常谨慎，否则可能会误导一大批人，因为大多数人都会首选默认选项。

面对复杂的选择，我们会很头痛，
要在这么多选项中选3个出来？
A
E
D
B
C
F
所以倾向于选择默认选项。
就这样了。
A
B
C
默认选项
串烧
烤鱼
炸鸡翅
炒田螺
老醇佳
品种太多了，不知道点什么好。
菜单
就点个你们店里的招牌套餐吧。
好的！
请稍等！
哇！要撑死人啊！
100串套餐，请慢用！

人喜欢随大流

同调行为①／阿希的实验

人们不太了解比较的对象，或者存在太多不确定因素的时候，就会产生放弃比较的倾向。这种时候，如果有推荐的默认选项的话，人们自然会选择默认选项。但是，没有默认选项的话该怎么办呢？此时，人们还有一种更加容易的选择方法，那就是模仿别人的行为，根本不用自己动脑筋进行判断。

举一个非常简单的例子，就是名牌专卖店前顾客们排起的长长的队伍。很多路人看见长龙一般的顾客队伍时，他们也会不自觉地跟着排起来。其实他们心里知道排队买东西费时间，又很麻烦，但是这么多人排如此长的队伍肯定是有原因的，这家店里一定有某种非常有价值的商品。当自己与别人采取同样行动的时候，人就会被一种莫名的安心感所包围。在心理学上，这种行为就叫作“同调行为”。据日本研究者调查显示，日本的关东人与关西人相比，更喜欢和别人采取同调行为。虽然同是日本人，但关西人似乎更重视排队浪费时间这一事实，而关东人看到长长的队伍如果自己不排进去的话，就有一种被别人孤立的感觉。关于排队这个话题，我们将在后面进行更加详细的讲解，在此之前，我先给大家介绍一个研究人们同调行为的著名实验。心理学家所罗门 · 阿希（Solomon E. Asch）拿出了四根小棒，其中一根是标准小棒，让接受实验的人看了标准小棒后，再让他们从其余 3 根小棒中选出和标准小棒长度一致的小棒。读者朋友们也可以根据下图参与这个实验。你认为 A、B、C 中哪根小棒的长度和左边的标准小棒一样呢？

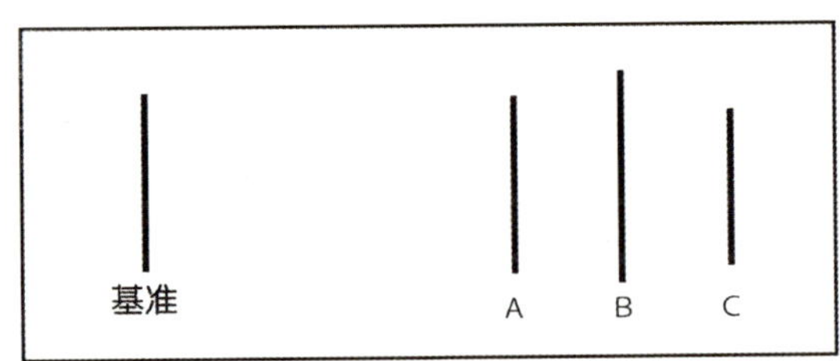

前一页的实验你肯定觉得非常简单，正确答案就是 A 嘛。在实际实验中，也是所有人都回答了 A。不过实验并没有结束。阿希又换了一种方法进行实验。首先让 8 名参加实验的人进入一个房间，其实其中 7 人是事先安排好的“托儿”。然后向他们 8 人提出前面的问题。那 7 名托儿故意回答错误的答案 B。结果，那名不明真相的人都有随大流的倾向。数字显示，采用这种方式进行了若干次实验，结果，有 32% 蒙在鼓里的人也回答了 B。如果那一个人回答了 A，另外 7 名托儿就会向他投来质疑的眼神，结果，有 75% 的人屈从于这种压力，改选了 B。

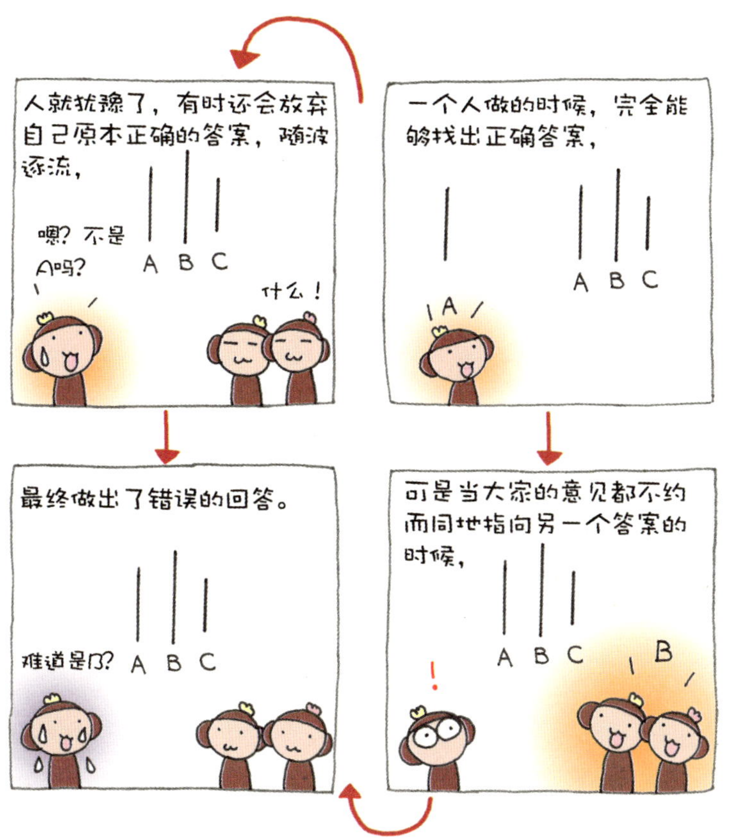

人喜欢随大流

同调行为②／孩子比大人更容易随波逐流

看到实验结果之后，就连阿希本人也吃惊不已。实验后，阿希找参加实验的学生谈了话，发现其中有的人心里知道正确答案是A，但因为“担心自己选A和大家不一样，会遭到别人的讨厌”，于是违心地和大家选择了一样的答案。也有的人真的认为B是正确答案，因为他们觉得“大家都选的答案，应该不会错吧”。

对于精神上尚未完全成熟的孩子来说，更容易受到同调行为的影响。我们成年人的生活经历比较丰富，可能身处很多圈子之中。而孩子们就不一样了，他们的生活经历少，活动范围相对比较小，只有周围的那些伙伴。如果被周围的伙伴排斥，对他们来说无异于失去了整个世界。所以，孩子们更容易和伙伴们保持统一步调，因为被排斥的恐惧感时刻压在他们的心间。从生物学的角度来说，孩子们也是在模仿的过程中不断成长起来的。

还曾经有研究者在小学中进行了一场有关学生同调行为的实验。在小学五年级的科学课上，老师告诉同学们：“植物的种子中含有一定的养分，可供种子发芽。”一周之后，是学校的家长开放日，家长们纷纷来到学校参观孩子们上课的情况。正好赶上一节科学课，老师向同学们提了一个问题：“植物的种子中没有养分，种子发芽需要从外界获得养分，同意这一说法的同学请举手。”这时，事先安排在同学中的“托儿”举手了。结果，班上的同学纷纷举手，虽然感觉老师这次的说法似乎不对，但大多数学生还是举起了手。最后，全班只有一名同学没有举手。在同学的目光中、在父母的注视下，很多同学虽然感觉不对劲，但还是随波逐流地举起了手。

上述实验中孩子们的同调行为是一种“不好的同调”“不合理的同调”。而跟着大家一起排队就属于“合理的同调”，因为这种同调行为可能让自己获益。在日本学校经常发生的“欺负人事件”“校园暴力案件”，我认为“不合理的同调”就是其中的一个原因。看到大家都欺负一个人，如果自己不去欺负他的话，就可能被别人排挤，甚至成为被欺负的对象。在这种过度同调的社会中成长起来的人，长大进入社会之后，有可能对上司的不合理要求逆来顺受。

孩子之间更容易做出同调行为，
我！
还有谁这么想？
因为对孩子来说，被同伴们排挤是一件很严重的事情。
呜呜……
为了防止孩子们陷入“不好的同调”之中，
这……这……
走！跟我们去飙车！
大人应该给予孩子正确的引导。
每个人都有自己的想法，
所以不必任何事情都和大家保持一致。
嗯！
走！跟我去赌场玩两把！

排在长长的队伍中，人也不会感觉不自在，这是为什么呢？

同调行为③／从心理学角度分析喜欢排队的人

“等待时间500分钟。”

这一令人绝望的等待时间，出现在2012年浦安的主题游乐园——水上王国。500分钟，也许有的朋友对分钟没什么概念，那我就换一个单位，8小时20分钟！这样你就能理解等待的时间有多长了吧。

在浦安的这座主题游乐园中，不管玩哪个项目，都要排很长的队伍等待。为什么会有那么多人不嫌麻烦、不怕花时间排队等待呢？因为他们认为即使花很长的时间排队等待，最后一定能得到相应的价值回报。而且，看到那么多人排队，他们确信游乐项目一定非常有趣，所以即使排队等待在外人看来是一件既无聊又痛苦的事情，但是对排队的人来说，因为心中充满无限的期待，所以排队的时候会非常兴奋。

其实，这个主题游乐园早就对游客排队的心理进行了研究，并采取了各种各样的措施减轻游客在排队时的焦躁情绪。首先，游乐园早就预想到了会出现排队的情况，于是早就将排队的线路设计成弯弯曲曲的形状，排队的行列进入表演场馆、游乐设施内部之后，还会故意路过很多有趣的场所。与一条直线的队伍相比，人们排在弯弯曲曲的行列中可以看到不同的风景，也可以和不同的人打照面，接收到各种各样不同的信息就可以分散人们的注意力，让漫长的等待时间变得没有那么漫长。另外，在建筑物内还隐藏着很多意外的人物角色，发现这些角色也会给排队的游客带来惊喜。

而且，游乐园内还会显示排队等待所需的时间，让游客心中有数，知道自己大约在多长时间之后可以玩到游乐设施。如果不知道自己将等多久，看不到未来，人就会产生焦躁情绪。所以，一开始就提示等待的时间，可以有效缓解焦躁情绪，让游客放松下来。另外，游乐园提示的等待时间会比预期的稍微长一点。比如，显示的是“还需等待60分钟”，而实际上大约50分钟就可以等到。经过漫长的等待终于轮到自己的时候，如果游客发现竟然比预计的时间提前了一些，他们会觉得自己占了便宜。

总之，游乐园的这些手段都很高明地控制了游客的情绪。

最后我还要告诉你一个秘密。虽然游客排了很长时间的队，但玩过娱乐设施之后，那种愉快的体验会把前面排队的不愉快体验掩盖掉。这在行为经济学上被称为“峰终定律”（Peak-End Rule）。一次体验究竟是愉快还是痛苦，不是看这次体验的时间长度，而是取决于感情的高峰与结束时间点的位置关系。如果结束时，人刚好处于愉快感情的高峰，那么这段体验留在人记忆中就是美好的回忆，之前不好的记忆会被淡忘掉。玩了娱乐设施之后，人肯定是愉快的，在这个时间点结束，这次游玩经历就会给人留下美好的记忆，而排队时的痛苦经历已经被愉快的体验掩盖掉了。

肥胖和戒烟是会传染的

别被人通过同调行为的原理利用了

近年来，似乎喜欢和别人采取同调行为的人越来越多了。这样的人其实是不愿意自己去比较判断，觉得跟随别人的判断更省事。其实，同调行为越来越多，其背后的原因之一是网络的高度普及。因为有了网络，人们获取信息就变得异常方便。当人想买书的时候，会根据某本书在网上的评价进行选择；出去吃饭，也会先上网查查哪家餐厅的口碑好。实际上，很多企业已经发现了人们的这种同调行为，并已经开始从背后操纵网络信息，进而诱导大众消费。现如今，“网络口碑已经不那么可靠了”。

可是，即使了解同调行为的原理、知道网上的很多信息不可靠，人们还是会不自觉地在意别人的判断和行为，最后和别人采取同样的行动。可见，同调行为具有很强的心理效应。

举例来说，肥胖是会传染的。假如你的朋友中最近有人体重猛涨，那么，你也有跟着胖起来的风险；有些女孩子看见最近十几岁的少女怀孕的例子不断涌现，过段时间她自己也可能出现这种情况；当朋友中有人开始戒烟了，你也会想跟他一起把吸烟的习惯戒掉。同调行为在炒股的人中就更常见了，当听说有人买了某一只股票，其他人也不问其中的理由，纷纷去买那只股票。

美国的明尼苏达州曾经进行过一项有趣的同调行为实验。实验者将纳税人分成四组，然后分别向四组人传达不同的信息，有具体的纳税方法、税金的具体用途等。主要目的是看接收哪种信息的人会更加积极地履行纳税义务。第一组被告知的信息是税金的具体用途，他们得知自己缴纳的税金主要用于教育和预防犯罪；第二组得到的信息是不纳税会受到严重的惩罚；第三组得到的信息是该如何正确填写纳税申报表，以及遇到不明事宜的时候该找哪个部门咨询；最后一组得到的信息是明尼苏达州已经有九成的纳税人完全履行了纳税义务，按规定缴纳了税金。结果显示，最后一组比其他各组都更加积极地配合税务部门报税、纳税。因为“大家都已经依法纳税”的信息，成为人们积极纳税的一个强有力的动机。从这个实验我们也能看出，同调行为的强大之处。

非常遗憾的是，到目前为止日本还没有人进行过有关同调行为的行为经济学以及心理学方面的研究。对于日本社会比较常见的儿童虐待、逃税漏税等问题，日本政府还主要是以惩罚为主，并没有想办法去积极地引导国民做正确的选择。从这一方面来说，作为发达国家的日本已经落在了后面。日本人本来就是一个非常喜欢同调行为的民族，如果往好的同调行为上引导，一定能取得很了不起的成就。

人们常会有种错觉，认为所有人都在看着自己

聚光灯效应

很多时候，虽然我们心中不情愿，但最后还是会勉勉强强地和别人采取相同的行动。比如，有时会不得不和上司的言行保持一致，因为我们都知道如果不这样做的话肯定没有好结果。但不只有这种情况我们会采取同调行为，当我们强烈意识到别人都在注视着自己的时候，也常会违心地与别人采取一致行动。今天我穿的衣服是不是令人觉得奇怪？这次参加婚礼我给的红包是不是少了点？怎么大家都对我露出奇怪的表情？类似的不安，我想每位朋友都在日常生活中遇到过吧。

曾经有人进行过一项实验，让学生们穿上印有著名歌手大头像的T恤衫，走进一间有很多人的大房间，然后询问房间里的人，看有多少人注意到了学生T恤衫上的头像。结果，屋里只有46%的人注意到了学生T恤衫上的大头像，也只有21%的人看清并认出了那个头像是谁。从这个结果可以看出，其实大家对我们的关注度，远没有我们自己想象的那么高。可尽管如此，我们还是常会产生一种错觉，认为大家都在盯着自己，因为在乎别人的眼光，所以我们也常会做一些不情愿的同调行为。像这种认为自己时刻受到高度关注的心理叫作“聚光灯效应”或“焦点效应”（Spotlight Effect）。还有一种类似的心理效应，叫“自我标的偏见”，比如，当看到别人聚在一起聊天时，总感觉他们好像是在议论自己。而实际上，自己身上并没有太多值得别人议论的地方。

反过来，人们还常怀有一种“自我泄露感”，就是担心自己心中对别人怀有的负面情绪泄露出去，让当事人知道。因为如果心中对对方的负面情绪被对方看到的话，自己就会陷入非常尴尬的境地，这种恐惧感让我们产生了“自我泄露”的错误。实际上，大多数情况下对方都没有觉察到我们心中所想的事情。

我是胆小狮子。
我心里想的事情，可能大家都知道了。
这家伙还真是麻烦。
大家一定很讨厌我吧……
我是经济犬。总是有人在关注我。
这叫聚光灯效应，只是你自己这么以为罢了。
我这么说他都不生气，果然非常理性。
原来如此。

第三章总结

◎ 熟虑系统的基础是比较。比较 A 和 B 之后，判断出哪个对自己更有利。人特别喜欢比较，也善于比较。

◎ 当选项过多的时候，比较就变得复杂起来，人就不知道该怎么选择了。

◎ 我们对“免费”这个词非常敏感。因为免费获得的商品或服务，即使没有想象中的好，我们也不损失什么。

◎ 当遇到不确定的判断或过于复杂的判断时，我们自己就不愿去做判断，而是模仿别人的言行，跟随别人的判断。看到别人排队，自己也想去排，就是这种心理在起作用。

◎ 即使下定决心“今天我要为家人服务一次”，但遇到要排 500 分钟的队伍，心里也会烦躁不已。

第四章

Chapter 4

第四章　投资与赌博的行为经济

投资和赌博，对人有很大的吸引力。这两件事到底有什么魅力那么吸引人？从行为经济学的角度分析，人们在进行投资和赌博的过程中会出现各种各样的判断偏见，而且，人的行为也存在一些有趣的倾向。本章就为大家介绍投资和赌博背后存在的不可思议的行为经济学原理。

钱一旦投出去，投资行为就很难中途停下来

沉没成本谬误①

“之前我都投入那么多钱了，如今股票跌得很厉害，但不把本钱赚回来我绝不割肉！”可能很多股票投资者都有过类似的经历。其实，当手中持有的股票出现大幅度下跌的时候，投资者心里也清楚必须得快点卖掉，尽早止损，但是在行动上他们却难以下手，甚至还会不断加仓继续买入，想尽量摊低成本。

不仅仅是个人，企业的投资活动也常会出现类似的行为。举例来说，假设一家企业为了开发一种新产品，已经投入数亿日元进行了很长时间的开发。只要再投入 1 亿日元，新产品就可以成功面市了，可就在这个时候，听说竞争公司已经研发出性能更高且价格更低的同类商品。如果你是这家企业的经营决策者，你会做何选择呢？恐怕很少有人会选择立即停止开发这个新产品的项目。因为人虽然知道再做下去也不会有好的结果，但是对过去投入的“时间和金钱”会感到非常惋惜，不舍得就此作罢，于是便会继续追加投资，直到把这个项目完成。人为什么会做出这样的选择？首先因为人大多都不愿意承认失败，心中还会存有侥幸心理，认为也许未来还会出现好的转机。如果能够冷静思考、合理分析的话，我们就知道立即终止开发计划，可以最大限度地减少损失，所以应该选择立即终止。不过，人们不会那么容易选择中途放弃。这种现象就叫作“沉没成本谬误”，或者叫作“协和效应”“协和谬误”。

“协和”是英国和法国共同开发的一种超音速客机的名称。其实在开发的过程中，研究人员就已经计算出，这种飞机的运营将会赔钱，因为要修很长的跑道，制订高昂的机票价格，以及噪声等问题。但是，两国政府此前为此机型已经投入了大量的资金，他们都不愿意停下来，而是继续追加投资，直至损失不断膨胀。原计划生产 250 架协和飞机，但实际量产运营的只有 16 架。

社长！再追加1亿投资，新产品就能开发出来了。
猴子就是猴子
可是，我们的竞争对手已经开发出了一款更好、更便宜的新产品。
猴子就是猴子
继续
追加1亿
总费用6亿
预计销售额5千万
停止
总费用5亿
继续与否都是赤字。
继续
追加1亿
总费用6亿
预计销售额5千万
停止
总费用5亿
想停却停不下来呀。
有了！
我决定停止思考！
猴子就是猴子
喂！

钱一旦投出去，投资行为就很难中途停下来

沉没成本谬误②

在道路建设、水坝建设等投资金额非常庞大的公共基础设施建设中，也常能见到沉没成本谬误的现象。因为已经投入了巨额的资金，想中途改变线路、设计已经是不可能的了。我们身边常见的例子就是玩弹子机等赌博游戏机的人，一开始投入了大笔的金钱，虽然一直输，但也不舍得就此放弃。虽然不知下一盘能不能赢，但还是会投入金钱继续赌，直到最后输得精光。游戏中心那些夹娃娃的游戏机也是利用了人们的这种心理。一次两次没夹到，人总幻想着下一次能夹到，于是继续投币继续夹。可是当很多次都没夹到之后，人还是难以停下来，因为会为之前投入的金钱感到可惜，总想夹上来一个挽回一点成本。另外，看到旁边的游戏机上有人夹起来了，自己也会感到不甘心，所以就不停地玩下去。再有，男女关系中也会出现沉没成本谬误的情况。有些男士已经在心仪的女性身上投入了很多金钱，比如请她吃饭、看电影、送花送礼物，有时虽然知道对方根本就不会和自己谈恋爱，但因为可惜之前投入的金钱，所以会抱着成功的幻想继续在那个女性身上花钱，最后招致人财两空的巨大损失。

从这个困境中挣脱出来的唯一方法就是尽早放弃。我们要在心中时刻告诫自己："不要走上协和飞机失败的老路！"然后想方设法让涌上头脑的血液慢慢流回身体，只有冷静下来，才能做出正确的抉择。

在商业界，也有不少及时退出、避免陷入"沉没成本谬误"的成功案例。比如，2002 年，以 SONY 公司为中心，各大 AV 设备（影音播放设备）制造商发布了继 DVD 之后的第三代光盘规格——蓝光光盘。进入 2004 年后，东芝公司和 NEC 公司联合开发了另一个光盘规格——HD DVD。从此，蓝光光盘和 HD DVD 展开了新世纪光盘标准规格之争。东芝公司在家用多媒体播放器、笔记本电脑领域比较强，NEC 公司则占有光盘驱动器市场世界第一的份额。这两家公司强强联手，希望将 HD DVD 树立为行业标准规格。

2005年，蓝光光盘和HD DVD两大阵营曾经进行过谈判，欲将两种光盘规格统一，但谈判进展并不顺利，最终破裂。后来，虽然东芝公司对自己的技术信心十足，但在蓝光硬件阵营以及软件制造商的围攻下，最终败下阵来。因为主要的软件制造商都倾向于选择蓝光，东芝公司判断自己再在HD DVD的路上走下去也没有胜算，于是在2008年宣布撤出HD DVD的生产研发。因为东芝公司的撤出，HD DVD阵营就此土崩瓦解了。至此，东芝公司已经在全世界范围内销售了70万台以上的HD DVD硬件设备。尽管如此，东芝公司还是干净利落地承认了失败，放弃继续在该领域追加投资。当时的媒体和HD DVD用户都惊呼："东芝公司退出得也太快了吧！"想当年，家用录像机的录制与播放标准也曾经掀起过标准规格之争，主要是VHS和β两种规格的竞争，结果以β败北告终。但是，在β完全退出市场之前，两种规格进行了长达20年的竞争。然而，东芝公司退出光盘标准之争仅在蓝光光碟规格发布6年后，而HD DVD产品也只销售了两年就退出了市场。东芝公司这种快刀斩乱麻式的退出，最大限度地减少了损失。

人们喜欢投资身边企业的心理背景

投资组合理论

诺贝尔经济学奖获得者——哈里·马科维茨教授曾经提出一种“投资组合理论”（Portfolio Theory）。他提倡通过多种多样的分散投资使收益最大化、风险最小化。简单地说，就是把资金投到不同的领域中去，高效地运用资金，尽量降低风险。

但是，很多投资者不愿在众多的投资项目中进行选择，都有把资金投到身边企业的倾向。这里所说的“身边企业”，是指投资者以前就比较熟悉的企业、当地的企业等。投资身边的企业确实有好处，除了更容易获得该企业的相关信息外，也能比较敏锐地把握企业的细微变化。但是，人们也有另外一种倾向，容易把“身边的企业”误认为是“值得信赖的优秀企业”。心理学上认为，人有一种“熟知性法则”，了解得越多就越容易对对方产生好感。另外，对于身边的企业，还有一种“单纯接触效应”在作祟，因为那些企业就在自己身边，所以经常能看到它们的广告、标志等，接触多了，也容易产生好感。而实际上，身边的企业和值得信赖的优秀企业、投资回报率高的企业之间并没有必然的联系，只是投资者不自觉地夸大了对它们的评价。

不过，频繁地买卖多种多样的股票，并不一定就是好事。美国加利福尼亚大学的经济学家布莱德·巴布尔（Brad Barber）和特里·奥登（Terry Odean）就曾经对很多股票投资者进行过调查。他们得出的结论是，越是买卖股票品种多、次数频繁的投资者，其收益越差。而且，频繁买卖股票的投资者中，以男性居多。据统计，单身男性股票投资者的平均资金周转率高达83%，而单身女性股票投资者的资金周转率平均只有53%左右。

男性中很多人对自己的投资技巧充满自信，频繁地买卖以争取获得更大的收益。频繁买卖股票的人，不仅要支出很大一笔手续费，往往还会把上涨的股票早早就卖掉（止盈太快），而下跌的股票又不舍得卖掉（止损太迟）。

他们想尽快获得“成功”，因此手里的股票稍微涨一点就急不可耐地卖掉，同时又因为讨厌“失败”，当手中股票下跌时又不舍得卖掉。结果，总是赚一点点小钱，然后赔一笔大钱，如此反复，最后总体还是亏的。

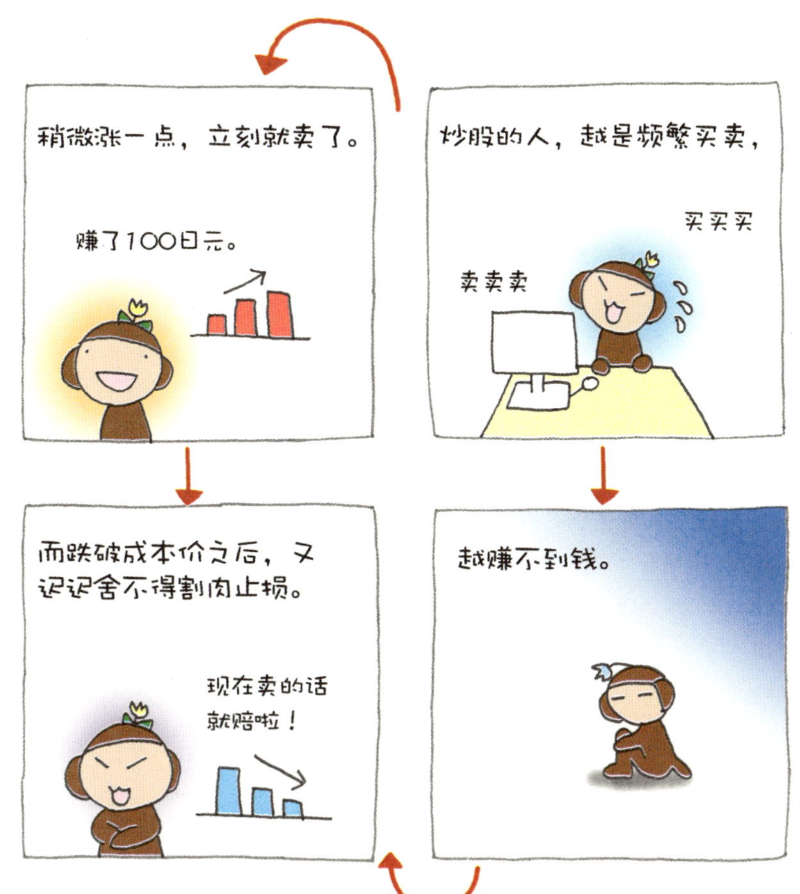

在投资之前你应该了解的事情

了解自己、制定规则、忠实执行

很多时候，股票的价格会随着投资者心理的变化而改变。有些投资者虽然通过技术分析判断出了股票的涨跌，但常常也会受到别人行动的影响，和大多数人采取一样的行动。举例来说，当有的投资者已经判断出应该“卖出”，可是，周围的大部分股民都认为要“买入”，当“买入”形成一股风潮的时候，投资者很难再坚持自己“卖出”的主见，而跟着大家一起“买入”，这就是一种同调行为。在他人行为的影响下，最终形成一种集团行为，在这个过程中不断扩散的信息叫作“信息瀑布”。在投资者的这种同调行为中，股票的价格经常会偏离这只股票的基本面（反映企业经济状况的基本信息）。

在信息瀑布不断冲击的情况下，自己首先陷入恐慌状态，然后盲目地跟从他人的行为，其实并不是明智之举。此时投资者应该做的是从认知偏见中逃离出来，了解其他投资者的心理，然后寻求自己合理的判断。作为一名股票投资者，不能只研究股票知识、预测行情，了解投资者的心理和行为模式更为重要。为此，首先要对自己的投资心理进行分析，看自己容易陷入哪种心理状况，借此也可以推测出其他投资者的大致心理状态。然后要为自己制定一个铁一般的投资规则，用这种规则来约束自己，最大程度地回避自己性格上的弱点。比如，假如你是“止盈太早、止损太迟”的人，那么可以为自己制定一个规则：“盈利 10% 以上就可以卖掉股票，损失超过 5% 则立刻卖掉止损。”确立规则之后，就要把它当作一个铁的纪律严格执行，尤其是止损的时候，一定要果断。炒股的秘诀就在于了解自己，冷静地观察其他投资者的心理和行为，不受他们言行的影响，制定规则，并严格地执行规则。长此以往，在股市中肯定会有不错的投资回报。

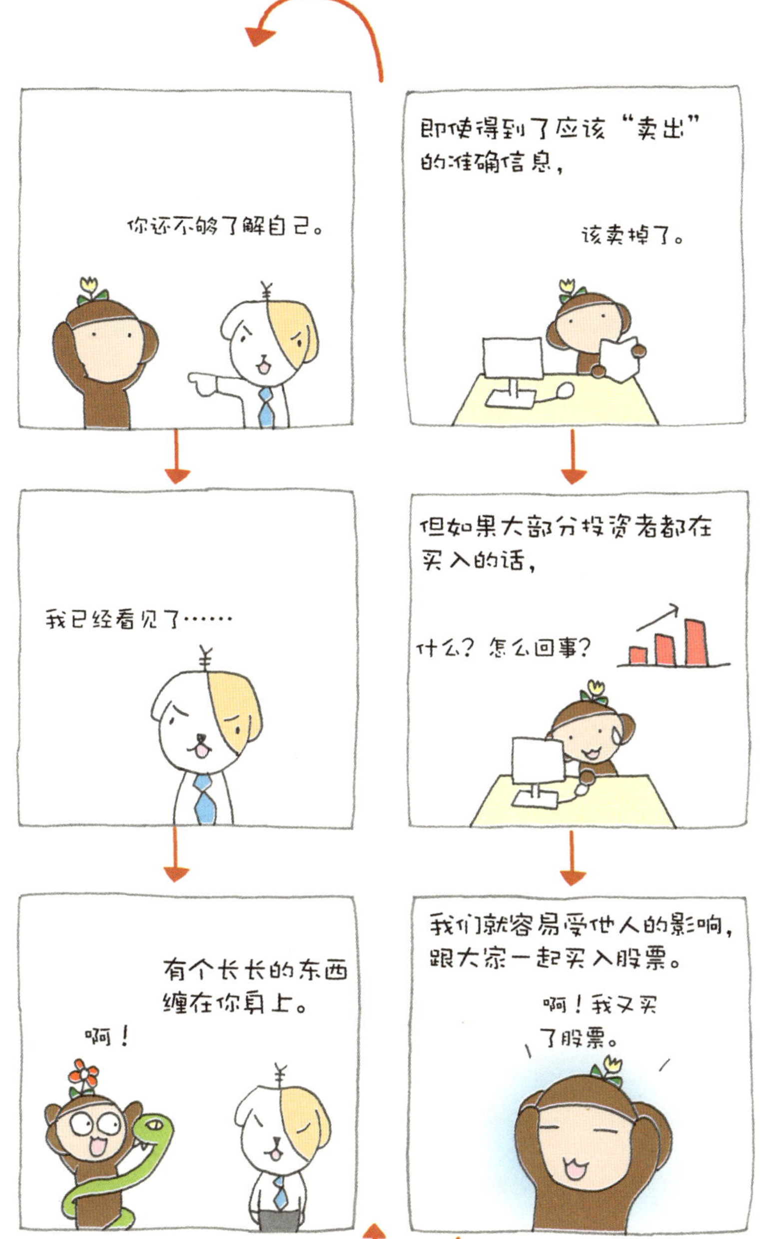
即使得到了应该“卖出”的准确信息，
该卖掉了。
但如果大部分投资者都在买入的话，
什么？怎么回事？
我们就容易受他人的影响，跟大家一起买入股票。
啊！我又买了股票。
你还不够了解自己。
我已经看见了……
有个长长的东西缠在你身上。
啊！

买彩票提高中奖金额的技巧

人们容易选择的数字和不容易选择的数字

如果彩票运营过程中没有任何舞弊行为的话，那么购买彩票没有一个能够绝对赢钱的方法。但是，在铁杆彩民中有一些人相信某些方法可以提高彩票的中奖概率，比如“在特定的彩票投注点购买彩票”“在特定的日子购买彩票”“根据以往的经验预测中奖号码”等。不过，行为经济学对于提高彩票中奖概率的思考，和这些彩票迷有所不同。

我们以一种数字彩票为例进行讲解，介绍提高中奖金额的技巧。日本有一种数字彩票，只有三个数字，彩票购买者自己选择三个数字。如果这三个数字和开奖结果一致，就中奖了。因为是自由选择数字，所以，人们在选择的时候大多会受到某种事情的影响。如果能够了解其他彩票购买者容易受什么影响，那么这个信息对我们来说是非常有利的。具体来说，如果这期开奖结果的数字是大家都非常喜欢的数字，那么中奖的人就会很多，但因为总奖金金额是固定的，所以大家平均分这笔奖金，每个人的获奖金额就会比较低。反过来，如果中奖结果是比较冷门的数字，那么中奖人数少，个人的中奖金额就相对较高。像赛马、足球彩票那样的博彩，还有一定的根据可以预测比赛的结果，但数字彩票完全没有任何推测的依据。所以，我们只能根据彩民们对数字的偏爱，来尽量提高自己中奖的金额。

当人自由选择数字的时候，基本上没有人在意中奖金额的多少，大部分人都是根据自己的喜好进行选择，或者选择那些跟自己有关系的数字，比如自己的生日等。日本人有自己喜欢的数字，也有自己讨厌的数字。曾经有人调查过，在买彩票的时候，选择大家都喜欢的数字和选择大家都讨厌的数字，中奖后获得的奖金到底有什么差别。我们先来看看日本人对数字有什么偏好，根据日本电信公司和电视台的调查，大多数日本人喜欢的数字以 7 和 3 为代表，而讨厌的数字则集中在 9 和 0（4 紧随其后）。研究人员从 2014 年三位数字彩票的中奖结果中抽选了 100 期，对中奖结果和中奖金额等数据进行了分析。看中奖结果中带有 7、3 的时候和带有 9、0 的时候，中奖金额有什么差异。理论中奖总金额为 90,000 日元。中奖结果中带有 7、3 的时候，中奖者平均获得的奖金理论值为 88,461 日元。而当中奖结果中带有 9、0 的时候，中奖者平均获得的奖金理论值为 94,462 日元。两者的差在 6000 日元左右。另外，当中奖结果是 317、307、178 的时候，平均奖金的理论值更是下降到 70,000 日元。从上述中奖结果我们可以看出，三个结果中都有 7，还有两个结果中有 3。

购买数字彩票的时候，虽然我们无法控制中奖概率，但可以尽可能提高中奖金额，那就是尽量别碰大家都喜欢选的 7 和 3，选大家都讨厌的 9、0 才是上策。也有的人喜欢用自己的生日来买彩票。其实，最好避开与年代、日期有关的数字。因为持有同样想法的人也不在少数。

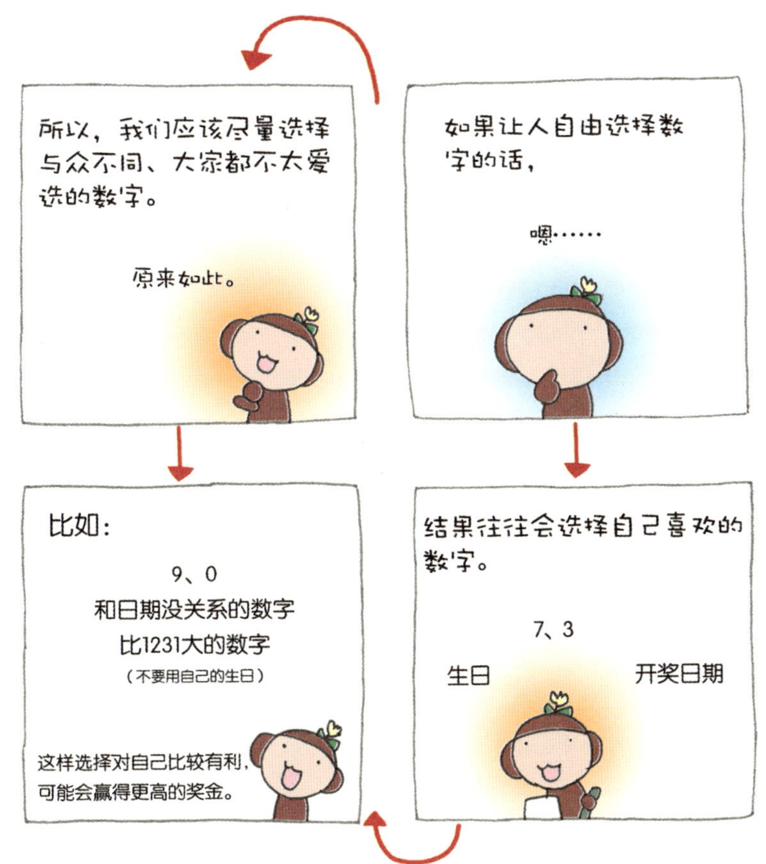

恐怖的荷兰彩票

不买都不行的恐怖抽选系统

彩票是我们日常生活中经常能接触到的一种博彩形式，甚至电视中还常播放彩票的广告，中奖金额也很诱人，因而成为人们在街头巷尾热议的话题。如果一个人说：“我喜欢赌马。”那么，大多会被周围人投来异样的目光，认为这个人不务正业、爱好赌博。但是，如果一个人说：“我经常买彩票。”基本上不会受到任何人的非议。但实际上，世上没有哪种博彩比彩票对参与者更不利的了。就拿日本的彩票来说，扣除率约为55%，也就是说总销售额中只有大约45%是作为奖金返还给中奖者的。我们只看到了彩票的高额奖金，容易对自己中奖的概率做过高的估计。而实际上，买彩票是一种效率非常低的投资。

但是也许你不知道，在国外还存在着更为恐怖的彩票。那就是荷兰的彩票。荷兰有很多种彩票，其中最具人气的要数“邮政编码彩票”和“银行账号彩票”。上述两种彩票分别是以邮政编码和银行账号为抽选对象的彩票。彩民只要登录相应的彩票网站，用自己居所所在地的邮政编码或银行账号登录，然后花钱购买彩票即可，接下来要做的就是等待抽选。使用邮政编码作为抽选对象的彩票非常恐怖，为什么这么说？因为如果自己没买，而自己所在地的邮政编码中奖的话，那种后悔的感觉是摸得到看得着的。偶尔哪期没买的话，心中就会忐忑不安：“如果这次我们这里的邮政编码中了的话怎么办？”这种忐忑的心情是非常恐怖的。对于其他彩票来说，中大奖的人出现在自己身边的概率非常低，因此即使有人中奖，我们自己也没有什么切身的体会。可是邮政编码抽奖就不同了，一旦抽中，这个邮政编码所在地购买了彩票的人都会获得奖金。如果你看到自己的邻居因为中了邮政编码彩票而换了新车，但你恰恰这期没买，你的心里一定无比后悔。于是，为了避免下次“瞪眼看邻居中奖”的悲剧发生，人们会不停地购买这种彩票。要说邮政编码彩票是一种恐怖的心理彩票，一点都不为过。

在荷兰的彩票中，
彩票

有一种以邮政编码为抽选对象的彩票。
1234 BC

如果自己没买的话，
啊！这期忘买了！

邻居因为中了大奖而翻修房子的情景，对人的刺激是相当大的。
唉！

那种后悔的心情是无法用语言形容的。
唉！我本来也应该中大奖的。

于是，接下来就会一期不落地购买这种彩票。
啊！已经停不下来了！

赌场中赢的钱该如何使用？

赌场中所赢之钱的价值，会在人们的头脑中产生感觉上的偏差

前面已经介绍过，受到折扣比例、时间效应等因素的影响，金钱的价值在人们的心中会发生微妙的变化。其实，还有一种因素能让金钱在人心中的价值发生更大的变化。那就是在赌场中赢的钱，我们称之为 House Money（赌场盈利）。举例来说，假设一个人在赌场中赢了5万日元，这钱来得太容易了，就像“天上掉下的馅饼”一样。这笔钱该怎么用呢？很多人会选择用它继续赌，想赢取更多的钱，或者直接用于奢侈的消费。一个上班族每个月从太太那里得到5万日元的零花钱，和在赌场中赢的5万日元，从金钱的价值上来说，两者应该是完全相等的，而这两个5万日元在人们心目中的价值可存在着天壤之别。另外，赢钱之后继续赌的人，大多数情况下会把赢的那5万日元再输掉，这时，他们的心理也会发生明显的变化。在拿着赢来的5万日元继续赌的时候，他们心里想的是：“即使输掉也没什么，反正这钱是我赢来的。”可一旦真的输掉之后，他们就会陷入无比的悔恨和自责，心想：“唉！我刚才怎么没有及时停下来，带着赢来的5万日元出去花天酒地多好！”这就是“不愿蒙受损失”的心理在起作用的结果。

赢了大钱之后奢侈消费，或者继续赌又赢钱之后，人会感觉到异常幸福，但是这种幸福感不会永远持续下去。曾有社会心理学家对中彩票大奖的人进行过追踪调查。结果显示，刚中奖的时候，他们都会体会到强烈的幸福感。可是一年之后再询问他们的生活状态时，很多人的幸福感已经回到了中奖之前的状态，甚至有人的幸福感还不如中奖之前。轻易得来的大钱，可以一时满足人们对奢华生活的向往，但是，由此获得的幸福感是难以长久持续的。既然轻易得来的大笔金钱无法给我们带来长久的幸福感，那么当我们在博彩中赢得大钱的时候，最好先冷静地想一想，不要继续赌下去，而是想想该怎样合理地运用这笔钱，让它在我们的生活中发挥更加积极、长久的作用。

10,000
20,000
好嘞！再赌一把。
在赌场中赢来的钱，
出师不利！
5
啊！我的5号！
叫作House Money（赌场盈利）。
House Money
房子里的钱
赢来的钱在人们心目中的价值会比较低。
10,000
10,000
嗯嗯
工资
10,000
重
House Money
10,000
轻

为什么男人容易陷入赌博的深渊？

多巴胺所制造的快乐

据说从古时候起，男人就爱好赌博。日本知名广告公司——博报堂生活综研以“生活定点”为名进行了一系列调查，2014 年“生活定点”的调查结果显示，喜欢赌博的人在全体参与调查的人中占到了 11.3%。但是，进一步分析的话，就会发现喜欢赌博的人中男性的比例远远高于女性。男性中 18.7% 的人喜欢赌博，而女性中只有 3.8% 的人喜欢赌博。调查数据显示，最喜欢赌博的人是“40 多岁的男性”。据 2009 年日本厚生劳动省公布的调查结果显示，在日本患有赌博依赖症的人，男性的人数是女性人数的 6 倍多。

赌博之所以看起来那么有魅力，能够吸引那么多人深陷其中，是由于在赌博的背后隐藏着一种名为“部分强化”的心理效应。简单地说，就是在赌博中，人们的行为所对应的报酬是不确定的。男性有一种心理倾向，对于固定的报酬，他们会觉得没什么意思，而“胜负未知”的状态，更能激发他们的热情。心理学家的研究认为，赌 10 次有 1 次赢钱的概率，是最容易让人深陷其中的。我个人研究的结果与心理学家的结果有一定的差异，但出入也不太大，我通过研究发现，赌 5~7 次有 1 次赢钱的概率，是人们最喜欢的赌博。参与这种概率的赌博，结果基本上都是输的，但是那来之不易的赢，会让人对其抱有强烈的希望，而正因为赢得不容易，才会让人产生高度的优越感，这也是让人染上赌瘾的原因之一。

当人在赌博中赢钱的时候，那种喜悦感和兴奋感会让身体分泌出大量的多巴胺——一种神经传导物质。当人赢钱的时候，多巴胺会让人脑学习这种快乐的感觉。而反过来，当人输钱的时候，多巴胺又会让人对赢钱的快乐产生向往。于是，在这样输赢反复之间，人就不知不觉陷入了赌博的深渊，无法自拔。而且，多巴胺的分泌量男性要高于女性，所以男性有寻求强烈刺激的倾向。据说有的男性体内的多巴胺分泌失调，会分泌出大量的多巴胺，于是这样的人每天都在疯狂地追求刺激。最后再说回赌博，我认为我们首先应该了解自己属于哪一种人，然后再设定一个预算，这样去参与赌博就不至于输得倾家荡产了。

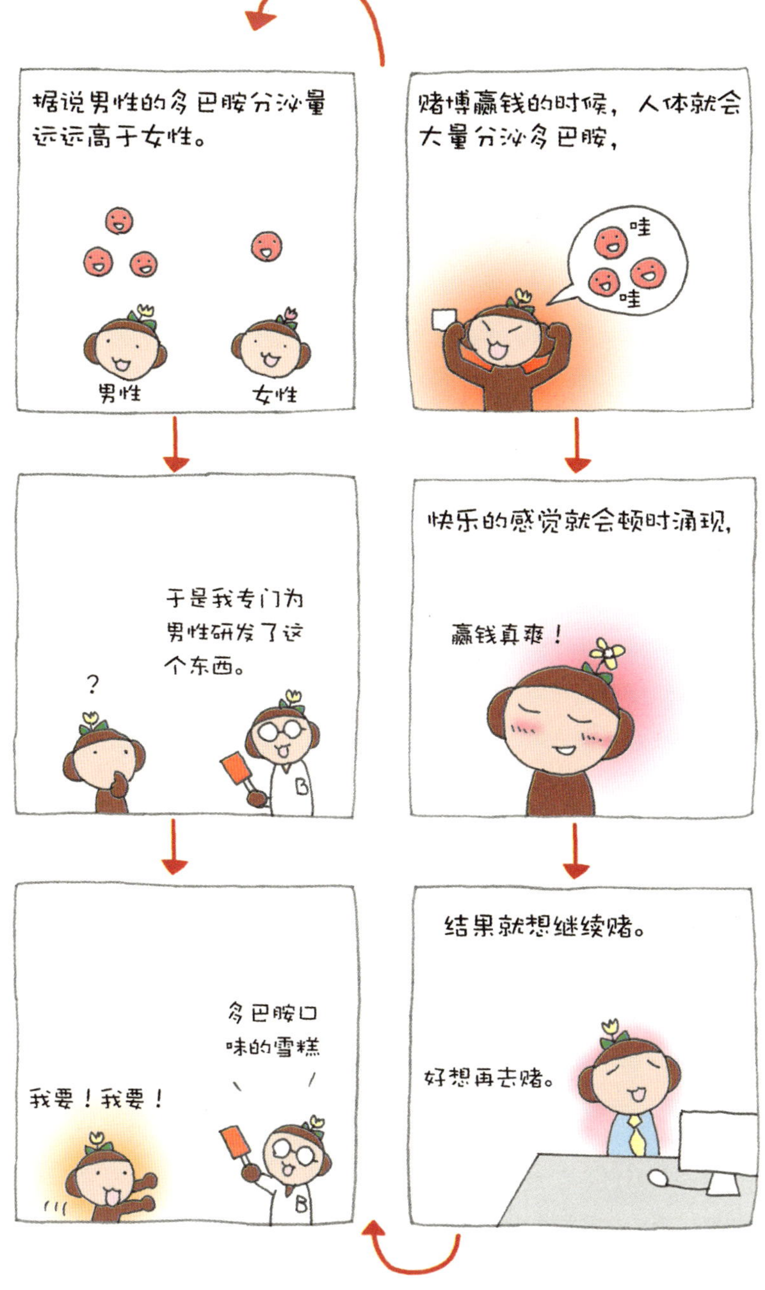
据说男性的多巴胺分泌量远远高于女性。
男性
女性
于是我专门为男性研发了这个东西。
?
我要！我要！
多巴胺口味的雪糕
赌博赢钱的时候，人体就会大量分泌多巴胺，
哇
哇
快乐的感觉就会顿时涌现，
赢钱真爽！
结果就想继续赌。
好想再去赌。

喜欢赌博的人总是自信满满

“后见之明”现象 / 把“输”说成“赢”

赌马、赌自行车、弹子机……世界上存在各种各样的博彩形式，这也从另一个方面说明喜欢赌博的人有很多。而且，从喜欢赌博的人身上，我们能看到某些显著的偏见。比如，喜欢赌博的人“总是自信满满”，这是为什么呢？经常能听到赌博爱好者吹嘘说：“我昨天又赢了 ×× 钱”“最近我总是赢钱”……他们一直在讲述自己赢钱的经历，可对于输掉的钱却只字不提。长期来计算的话，爱好赌博的人很少有赢钱的，大多都在输钱，可为什么他们还总是自信满满地讲述自己赢钱的经历呢？可能是因为他们在赌博之后心里也多少有些愧疚感，所以会强调赢钱的经历，以冲淡心中的愧疚。再有，他们强调赢钱的经历，也是在有意提高自己在别人心目中的地位和价值。不过，我总感觉原因还不仅限于此，似乎背后还存在着其他什么原因。

康奈尔大学的汤姆 · 季洛维奇教授对赌博爱好者的行为和心理进行了一系列研究。在一项实验中，季洛维奇教授给参加实验的赌博爱好者每人一台录音机，请他们把自己赢钱和输钱时的语言录下来。结果显示，当赌博爱好者赢钱的时候，他们所说的大多是夸耀自己多么正确、多么英明的话；而当输钱的时候，他们又会想方设法掩盖自己的错误，为自己的错误辩解，甚至忽视自己的错误。一旦赌输，他们会推脱说运气不好，认为自己和胜利只有一步之遥，差那么一点点就赢了。

人的头脑中还存在一种恐怖的认知系统，就是当人知道事情的结果后，就会人为地改变、扭曲自己的记忆。举例来说，假设一个赌马者，一开始他预测这场比赛的热门马不会夺得第一名。比赛一开始，热门马确实落在了后面，他心想：自己猜得果然没错。可是到最后的直道冲刺时，那匹热门马以惊人的速度冲到了最前面，这时，那位赌马者又会说：“看吧，我就说它会赢吧。”好像这结果和自己当初预测得一模一样。其实，承认自己预测失误，和承认自己犯错一样，对他们来说是难以接受的。

于是，人会对自己的想法和行为进行辩解，给自己找一个台阶下。比如心里会想：一开始我就猜对了的，只不过没买而已。结果，“自己猜对了”这个与事实完全相反的想法，竟然在头脑中成为了“正确的记忆”。而且，“自己猜对了”的记忆还会慢慢变成“自己赢钱了”的记忆。可是，钱包中的钱却和这个记忆成反比例。如果放任自己的这种恐怖的记忆扭曲不管，那么钱包中的钱迟早要输光。

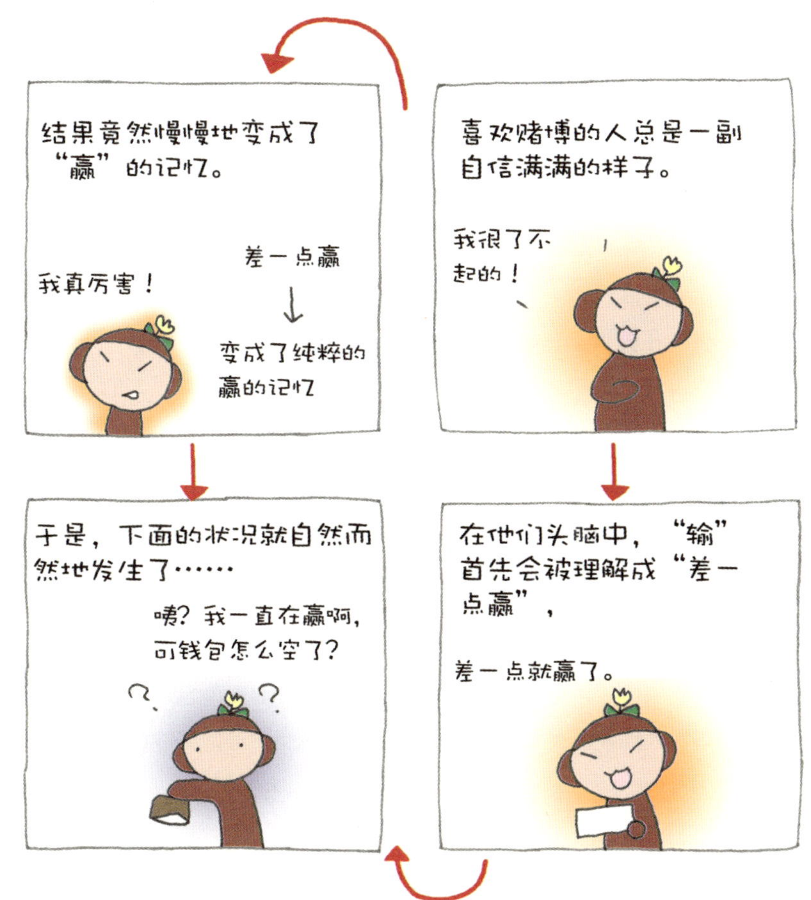

越是接近最后的比赛，赌马者越倾向于买冷门马

冷门偏见／冷门受欢迎的原因

在赛马、赛自行车等合法赌场中，一开始大部分人都是输钱的，赌中的只是少数人。快接近最后的比赛时，之前输钱的人发现买热门马即使赢了也难以弥补损失，因为热门马的赔率都比较低，于是很多人开始把目光投向冷门马，因为冷门马的赔率比较高，一旦中了，可以赢很多的钱。所以，越是接近最后的比赛，热门马的赔率反而开始上升，而冷门马的赔率则开始下降，因为很多赌马者都放弃买热门马，转而买冷门马。这种现象叫作“冷门偏见”。

曾有研究者对冷门偏见进行过实地调查。研究者从 2014 年 6 月 ~9 月的日本中央赛马会（JRA）的比赛中抽选 30 日的比赛（新潟、小仓、札幌、阪神、东京、中京，共 1032 场比赛），并从中选出 500 万日元级别（即头等奖为 500 万日元）的比赛，统计比赛前半段和后半段赔率的变化情况。为什么要限定比赛的级别？因为不同的级别，赔率也存在一定的差异，限定在同一个级别是为了让数据更加准确。每场比赛有 12 轮，在前 6 轮中，人们买得最多的赛马的平均赔率是 2.4 倍；而第 12 轮，即最后一轮中，人们买的最多的赛马的赔率为 3.2 倍，也就是说，人们买得最多的赛马的平均赔率升高了 33%。因为热门赛马的赔率低，而冷门赛马的赔率高，所以我们可以分析出，到了后半场，人们开始把钱投到冷门赛马身上。特别是“二重彩”的马票（用马号选出跑第一名和第二名的马，名次不可以颠倒），前半场人们买得最多的赛马的平均赔率为 8.9 倍，第 12 轮买得最多的马的赔率为 13.2 倍，赔率的数字提高了 48%。可见，到了最后很多人都放弃了热门马，而选择了冷门马。这也证明了冷门偏见在发挥作用。从这个规律中我们还能发现，效率最高的赌马方法和大多数人的买马倾向正好相反，应该是一开始买冷门马，最后买热门马。

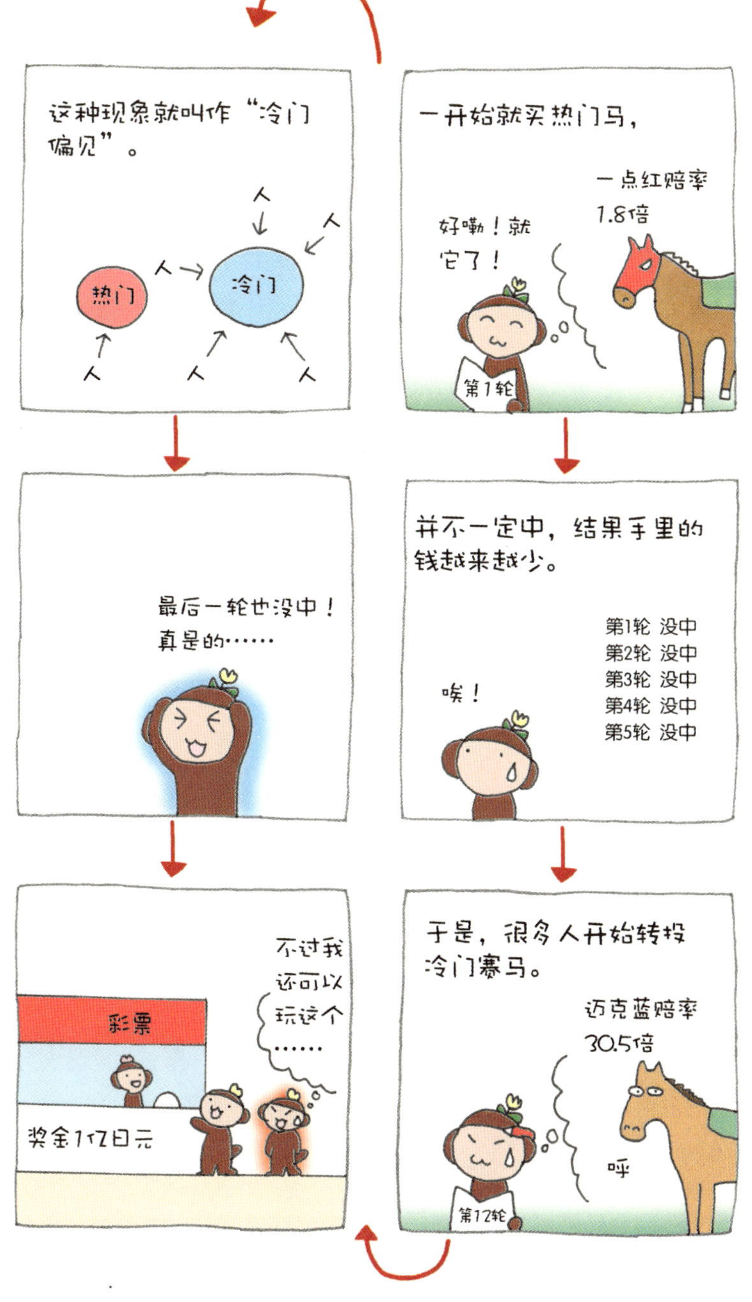
一开始就买热门马，
好嘞！就它了！
一点红赔率
1.8倍
第1轮
并不一定中，结果手里的钱越来越少。
唉！
第1轮 没中
第2轮 没中
第3轮 没中
第4轮 没中
第5轮 没中
于是，很多人开始转投冷门赛马。
迈克蓝赔率
30.5倍
呼
第12轮
这种现象就叫作“冷门偏见”。
人
人
人
人
人
人
热门
冷门
最后一轮也没中！真是的……
彩票
奖金1亿日元
不过我还可以玩这个……

受赛马报纸过度影响的赌马爱好者们

从赌马看行为经济学①

对赌马爱好者来说，有很多陷阱会影响他们的判断。比如，当赌马爱好者预测赛马结果的时候，马匹的实力、调教情况、赛事形势、骑手的水平、马匹上次比赛的成绩等，都是他们要考虑的因素。不对，更准确地说，应该是他们在进行预测的时候，打算考虑这些因素。而在实际做预测的时候，上述因素可能并不会进入他们的视线。

我们曾经对10位连续多年参加赌马的中级、高级赌马爱好者进行过调查，想了解他们是基于哪些信息、根据什么标准来对比赛结果进行预测的。结果发现，他们大部分人在预测的时候，都不会根据前面讲过的基本数据进行分析。那什么才是影响他们判断的主要因素呢？其中之一竟然是赛马报纸上的预测。在赛马报纸中，赛马记者会对各匹赛马进行预测，并用◎、○、△等符号标出热门赛马和冷门赛马。你可别小看了报纸上对赛马做的各种标记，这会对赌马爱好者的判断造成很大的影响。这会对他们产生强烈的心理暗示，让他们对赛马形成先入为主的固定观念。对于“专家”不看好的赛马，赌马爱好者们也基本上会把它们排除在考虑范围之外。即使原本心中已经选好，但看到“专家”们的意见，赌马爱好者们大多也会改变主意。

实际上，即使是那些赛马“专家”，对于马匹的性质、各种数据等也少有准确的把握。比如，在比赛开始之前，赛马会在一个待命区等待，这个时候所有人都可以观察到马匹的状态。曾经有一位解说比赛的记者说：“×号马身体那么臃肿，应该是一匹母马。”但是，马和牛羊不一样，单从形体上很难判断出雌雄。JRA的原田俊浩先生曾经在著作中写道：“马的性别只能根据生殖器来判断，雌马和雄马的体形是没有任何差别的。”

所以，前面那位赛马记者根据马匹的体形判断雌雄，是非常不专业的。以前，我参观过赛马记者预测比赛结果的现场，结果发现他们大多根据直觉进行判断，这令我吃惊不已。因为赛马记者掌握的情报非常庞大，要在如此多的情报中做出判断也是很难的一件事情，所以他们有时会受到某一小部分的情报的影响，据此做出判断。而且，在观看比赛的时候，马匹的能力是比较直观的因素，容易对人的判断造成直接的影响，但赛马的实力并不是保证它取胜的唯一要素。另外，还有些赛马记者会经常到马舍中观察赛马，结果和马匹管理者、赛马、骑手等建立起感情，而这也是影响他们判断的重要因素。赛马记者所做出的预测在很多情况下是凭直觉、充满主观因素的，而这些所谓“专家”的预测又会对赌马爱好者造成很大的影响，他们凭直觉信任“专家”的意见，结果往往屡赌屡输。

马匹上次比赛的名次，会对赌马爱好者造成很大的影响

从赌马看行为经济学②

另外，赌马爱好者对于马匹上次比赛的名次，也有过度关注的倾向。确实，马匹在以前比赛中的名次对于判断马匹的实力、骑手的水平是一个很重要的指标。但是我认为，要推测一匹赛马的能力，不应该只看它的名次，还要看它和其他赛马之间的时间差（严谨地讲应该是距离差）。不过，很多赌马爱好者只把目光投向了赛马的名次，而不注意分析名次背后的信息。举例来说，在一次比赛中，几匹马到达终点的时间相差很小，第六名与第一名之间的时间差只有 0.2 秒；在另外一场比赛中，第三名落后第一名 1 秒以上。看到这些数据之后，很多赌马爱好者都认为第三名的赛马比第六名的实力强。认为第二名、第三名都是惜败，下次比赛很可能夺冠。但殊不知，它们的成绩可能赶不上其他比赛的第六名。

在赌马中还能看到参与者的另一些有趣行为。比如，当人一旦决定“我要买 × 号马”之后，就会开始积极地搜索有关这匹马的信息。不过，他们不是从多方面搜集有关这匹赛马的各种技术信息，再次分析它是否能夺冠，而是想方设法从赛马调教师、赛马记者所说的话中寻找对这匹赛马有利的话。他们不是再次确认这匹赛马是否能赢，而是以“赢”为前提，寻找让自己安心的信息。在这个过程中，他们会把消极的信息全部拒之门外，只接受那些积极有利的信息。这就叫作“证据偏见”，是说人只重视肯定自己想法的信息，而忽视否定自己想法的信息。这种行为虽然能够带来心理上的“安心感”，但是对于赌马的结果并没有什么好处。

赌马者买马的金额，JRA 要提取大约 25%，剩下的钱分配给中奖者。这种博彩也可以看作一种“零和博弈”。在零和博弈中，和众人采取同样的行为，不是最好的选择。

所以，赌马爱好者最好了解一些其他赌马者的心理和行为倾向，用与众不同的视角来分析比赛，预测结果，可能效果会更好。

弹子游戏机给人带来的“成瘾性”

从弹子游戏机看行为经济学①

弹子游戏机虽说是一种游戏机，但也具备了赌博的要素，而且，在日本有很多人玩这个上瘾。主要原因可能是弹子游戏机规则简单，随时随地都可以玩到。彩票虽然也是随时随地都能买，但开奖还得等上几天。另外，虽说地方的赛马会平日会连续举行，但中央赛马会只有星期六才会开赛。弹子游戏机房则全年无休，人们每天都可以去玩，而且日本的弹子游戏机房大多集中于地铁站等人流非常大的地方。弹子游戏机，胜负结果立刻见分晓。这些都是引诱人们去玩并令其深陷其中的因素。在赌博中，赢的时候人的大脑会体会到空前的喜悦和兴奋，而输的时候，大脑又会极度地向往赢，以满足寻求快乐的欲望。玩弹子游戏机的时候，人会不停地在输与赢之间徘徊，大脑受到强烈的刺激，让人在感情落差中体会到快乐并产生欲望。所以，弹子游戏机是各种赌博中很容易上瘾的一种。

另外，弹子游戏机还能给人带来视觉、听觉上的快感。最近的弹子游戏机大多自带接弹子的箱子。赢了的时候，弹子会从游戏机里噼里啪啦地掉出来，听到弹子掉下来的声音，再看看身边堆了好几个装满弹子的箱子，那种满足感是非常爽快的。所以，人们总是停不下来，心想：“再玩一次，说不定能赢更多的弹子。”

在一些弹子游戏机房里，总有那么一两台游戏机是最受欢迎的，有人对那些最受欢迎的游戏机进行了分析，看它们到底哪里最吸引人，然后根据猜测，建立了一些假说。再通过认知实验，反复对这些假说进行论证。结果在这个过程中，发现了一些人们在玩弹子游戏机时的有趣心理和行为。这里主要给大家介绍一些弹子游戏机成瘾性的问题。人为什么会不知不觉地就成了弹子游戏机的俘虏呢?

人们玩弹子游戏机之所以容易上瘾，其原因之一就是玩的时候感受到的那种兴奋感、心跳的感觉。

心跳的感觉来自两种途径，第一种是“期待感”或者说“和中奖之间的距离感”。从坐在游戏机前开始玩，到中大奖，那种感觉即将中大奖的预感，着实令人心跳不已。人在玩的过程中会不断给自己施加心理暗示，当出现两个相同数字的时候，就会预感三个相同数字也不远了。经过反复地玩，人的心理从“怎么都不中啊”变成了“没准会中”，再发展成“感觉很快就要中了”。结果，心跳越来越快，兴奋感也越来越强。

弹子游戏机给人带来的“成瘾性”

从弹子游戏机看行为经济学②

产生心跳感觉的另一个途径是“意外性”。人在玩弹子游戏机的时候，肯定会对下一组数字进行预测，可是，结果与预测不同的时候，人就会产生心跳的感觉。但是，人们心中损失厌恶的倾向相当强，所以当现实与自己的期待不符时，人就会感到非常不愉快。反过来，如果猜测下一组数字不会中，却意外地中了，那时心跳的感觉将会更加强烈，因为中奖的概率非常小。难得的胜利总会带给人异常的兴奋感。

另外，在弹子游戏机中还有一个因素同时发挥着上述两种途径的作用，将人的兴奋感推向了最高潮，那就是“真实角色”。比如，有的弹子游戏机的主题是《超人》，那么超人在游戏机中扮演一个“角色”；而有的弹子游戏机以《午夜凶铃》为主题，恐怖的贞子的手就会出现在游戏机里。这些角色会在游戏机的某个地方发挥作用，有的时候会帮助弹子的运转，有的时候会阻碍弹子的运转。

不同的角色会起到不同的作用。比如帮助弹子运转的“正面角色”，它可以帮助玩家取胜，因此玩家会希望这样的角色尽量大幅度地运转。这就是一种“期待感”。对制造“意外性”来说，则需要速度、声音、光等因素的配合。当人感到有危险的时候，自然会产生“惊险”的感觉。所以，那些“反面角色”的动作一定要快，再配合上刺激的声音、光线变化，就能让玩家的心脏提到嗓子眼里。但如果那个角色的动作很慢，玩家就可能控制弹子的运动轨迹，躲过反面角色的阻挡，就没什么意思了。

另外，弹子经过角色的帮助或阻碍时，那种刺激的感觉会鲜明地留在记忆中。再加上声光的刺激，那记忆就更加强烈了。

而这种心跳的感觉容易让人产生“因为愉快而心跳”的错觉。这种错觉会让人们反复不停地投身于赌博中。而如果在“期待感”十分强烈的情况下，遭到了令人“吃惊”的反面角色的阻挠，导致最后失败，那这种强烈的挫败感也会铭刻在人的记忆中。为了打消这种挫败感，人也会不停地赌下去。

由于上述种种原因，让玩家总是“还想再体验一次”，所以造成赌博上瘾。所以，我建议弹子游戏机的玩家们，首先要了解游戏机的这些“陷阱”，然后冷静地看待弹子游戏机的娱乐本质，控制好自己的投资，适度娱乐才是王道，切忌深陷其中。

为什么现在的年轻人不如以前爱赌博了？

损失厌恶的心理倾向越来越强

近年来，年轻人赌博的比例越来越低。博报堂生活综研 2014 年以“生活定点”为名进行的一系列调查显示，20 多岁的年轻人中喜欢赌博的比例只有 20.4%。而 1994 年这个比例高达 34.3%。当时，在各个年龄段中，20 多岁年轻人中爱好赌博的比例最高。可是，近年来这个比例连年下降，到现在，大约比 1994 年下降了四成左右。现在，年轻人不仅仅不喜欢赌博了，购买汽车、名牌奢侈品、去海外旅行的人也越来越少了。我们不禁要问，日本的年轻人到底怎么了？和前些年相比，到底发生了什么变化？

最明显的原因之一是日本经济持续不景气，导致年轻人就业环境恶化，收入降低。因为没什么钱，所以年轻人不愿意参与花大钱的娱乐项目，转而投入消费低的网络娱乐，这是理所当然的事情。另外，日本在文化层面上，也发生了很大的变化。昭和时代（1926 ~ 1989）有一股“浪费很帅”的风潮。当时的人肆意地浪费时间，喝酒作乐，为了虚荣买豪车，无节制地赌博等。这种生活方式和思维方式随着经济的衰退开始失去了光彩。如今，没有收益地散财，并不会被视为一种美德。而年轻人也变得越来越现实。

这并不是年轻人的错。以前，社会对年轻人的过错有种过于宽容的倾向。而现如今情况不同了。在恶劣的经济环境中，企业对年轻员工的要求也比较高，他们一旦犯错就会被别人责骂为：“真是没用的一代。”其实，大家不应该责骂他们，因为社会给他们的机会太少。而且，我们的社会已经形成了一种“年轻人不允许失败”的思维方式。

最近，我在研究人们心理的时候，深刻感觉到现在的年轻人损失厌恶的心理倾向越来越强。

“不想蒙受损失、不想赔钱”是大多数年轻人一致的想法，所以他们不愿意参加博彩游戏，所以也就更谈不上“赌博成瘾”了。他们根本懒得去了解赌马的具体方法，玩个弹子游戏机也难得中一次奖。要想赌博成瘾，至少也得有一次美好的回忆，让人“还想再玩一次”才行啊。可是在现在年轻人的记忆中，首先参与赌博的次数很少，而且大多都是输钱的记忆，他们当然不愿意再去赌了。综上所述，现在的日本年轻人不愿去赌博，或者说他们赌不起。

第四章总结

◎人一旦把钱投出去，投资行为就很难中途停下来。即使知道结果会赔钱，即使感觉到现在是在“浪费时间、浪费金钱”，人们也依然停不下来，甚至还会不断追加投资。这种现象叫作“协和效应”。

◎赢钱的时候，人的大脑会感受到空前的快乐。而反过来，输钱的时候，大脑又会对赢钱的快乐产生向往。于是，在输赢的不断反复之间，人们就对赌博上瘾了。

◎喜欢赌博的人大多数时候都充满自信。这是因为一种叫作“后见之明”的心理效应在发挥作用，失败的记忆都被扭曲成了成功的记忆。

◎荷兰有种彩票非常恐怖。

第五章
Chapter 5

第五章 行为经济学战略应用篇

在最后一章中，我将为大家介绍如何应用行为经济学的技巧。希望读者朋友们能够在理解人类的认知偏见的基础上，在各种各样的领域中活用行为经济学的理论，最大限度地避免损失，争取收益。

开会时，事先制作一个稍差一点的方案很重要

要想让一个方案通过，准备一个稍差一点的比较方案是关键

有些人在为公司制作计划书的时候，考虑得非常全面，制作了好几个方案，请上司在其中选择。可是，根据我们人类的认知系统，对于过多的选项反而会失去选择的兴趣，结果上司可能无从选择，最终一个方案也没通过。

另外，也许在自己制作的众多方案中，自己最希望 A 方案获得通过。但是由于提案比较多，上司选择了 B 方案或者 C 方案，结果自己遗憾不已。出现这种情况，根源就在于我们自己的提案技巧不够巧妙。要想让某个方案通过，首先需要准备一个“弃子”方案。所谓“弃子”方案，就是事先制作一个相对差一点的方案，提交出来主要是为了陪衬“1 号方案”，让“1 号方案”显得更出彩，以增加它被通过的概率。

我们人类的认知系统喜欢进行比较，但只是喜欢简单的比较，对于复杂的比较则较为头痛。假如我们向上司提交 A、B、C 三个方案，而且每个方案都是不同方向的策划，那么上司比较起来就比较困难了，搞不好最后一个都不选。所以，如果我们想让 A 方案获得通过的话，可以制作一个 A 方案、一个 B 方案，再制作一个 A- 方案。A- 方案和 A 方案很像，只是比 A 方案稍微差了一点。因为两者相近，所以比较起来很容易。A 方案和 B 方案不是一种风格的提案，不太容易分辨出孰优孰劣，但是，因为没有方案可以衬托 B 方案的优势，而 A 方案的好处已经被 A- 方案衬托出来了，这种情况下，上司选择 A 方案的概率比较高。举例来说，假设你在一家礼品公司做产品策划，公司让你提交新产品设计方案。你设计了两个方案，分别是 A 方案——玻璃杯、B 方案——贺卡。A 方案的玻璃杯，只要向其中注入饮料，杯子就会自动播放音乐；B 方案的贺卡，只要将其带入黑暗的环境中，卡片上就会自动浮现出原创的照片。两个方案都是不错的设计。但是，你觉得 A 方案的利润会更高，所以你希望公司采纳 A 方案。这时，你就应该再设计一个 A- 方案，一个在功能上稍差一些的玻璃杯。有了 A- 方案做陪衬，A 方案会显得更加完美，也更容易被采纳。

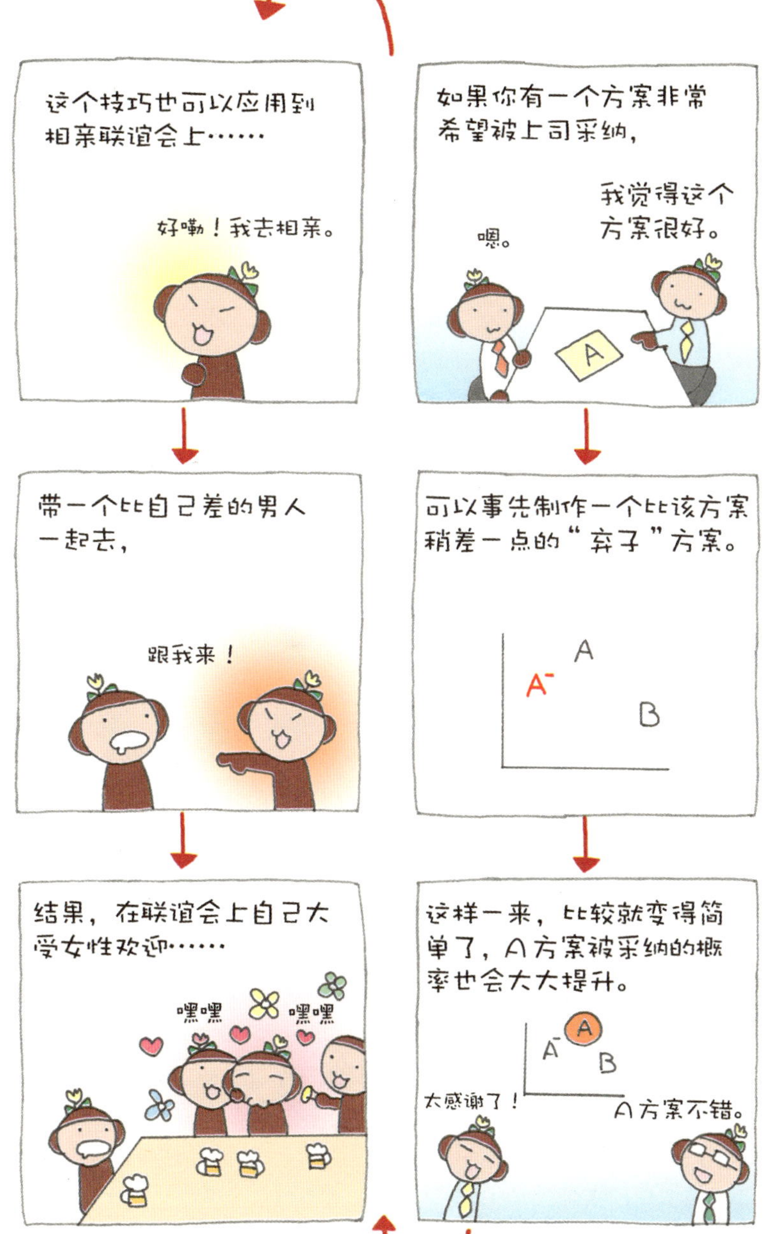
如果你有一个方案非常希望被上司采纳，
我觉得这个方案很好。
嗯。
A
可以事先制作一个比该方案稍差一点的“弃子”方案。
A
A-
B
这样一来，比较就变得简单了，A方案被采纳的概率也会大大提升。
A
A-
B
太感谢了！
A方案不错。
这个技巧也可以应用到相亲联谊会上……
好嘞！我去相亲。
带一个比自己差的男人一起去，
跟我来！
结果，在联谊会上自己大受女性欢迎……
嘿嘿
嘿嘿

在对部下做指示时，一定要给出具体比较对象

没有具体比较对象的指示，会引起部下的混乱

“我对部下提醒过无数次了，可他还是犯错”“部下从来不按我的指示行事”……

如果你当过上司的话，相信一定遇到过上述情况吧。

其实，这不能完全怪部下，作为上司，在提醒、指示的方法上可能存在问题。举例来说，上司批评部下的时候，如果只是感情用事地说：“你是怎么搞的？到底在做些什么？”那么部下接下来只会以不受批评为标准做事，对于犯错的原因和改善方法并没有头绪，因此以后肯定还会犯类似的错误。所以，当部下犯错，上司进行批评教育的时候，首先应该指出犯错的原因，然后再告诉他们这个错误将会导致什么样的后果，最后再表达出自己对这件事的想法，也就是自己的感情。这样几个步骤的批评方法，效果更好。具体来说，假设部下在抄写数值的时候抄错了，那么上司可以这样批评：“在提交前如果你仔细检查一遍就能发现这个错误（犯错原因）。这个数字抄错了，将会对我们公司的经营造成很大的损失（犯错后果）。下次一定要认真检查。我一直对你都满怀期待的，你犯这样的错误让我很遗憾（自己的感情）。”把犯错的原因、后果、改善的方法都讲清楚，在以后的工作中部下就知道该怎样避免犯同样的错误了。最后再表达一些自己的感情，让部下觉得上司对自己还是很重视的，他们就会按照上司期待的方向去发展。最近，年轻人抗压心理越来越弱，遇到挫折就打退堂鼓，一旦上司批评得有点严厉了，很多人甚至会马上辞职不干了。但是反过来，如果不批评他们的话，他们又得不到成长，工作能力永远也得不到提升。所以，上司在批评人的时候要讲究方法，在理解对方情绪的基础上，把自己想说的话说出来，让对方心悦诚服地接受，这才是高明的批评方法。

另外，当上司给部下指出错误的时候，还要避免使用抽象的批评方法，比如“你能不能用点心？”“动动脑子再做！”，而应该具体指出错误的所在，以及改正错误的方法，比如，“应该把 A 改成 B”“应该使用 ×× 把 C 改成 D”。这样具体的指示，更容易让人明白。人类判断系统的基础就是“比较”。

如果没有一个可供比较的参照物，人的思维就容易出现混乱。但另一方面，也不能同时给人太多的选项进行比较。因为那样一来，人就不知道该如何比较了，最后甚至出现放弃比较的倾向。如果上司给部下太多选项进行选择的话，没准还会遭到部下的质疑，“有必要细分到这种程度吗”“以前都是我们自己做主的”……总而言之，就人类判断系统的构造来讲，首先给出一个具体的比较对象，才是最有效率的指示，才更有利于部下准确地采取行动。作为一名上司，理性地分析一下就能明白，部下的成长、工作能力的提高，最大的受益者应该是自己。所以，上司首先应该提高自己的水平，才能更好地引领部下成长进步。

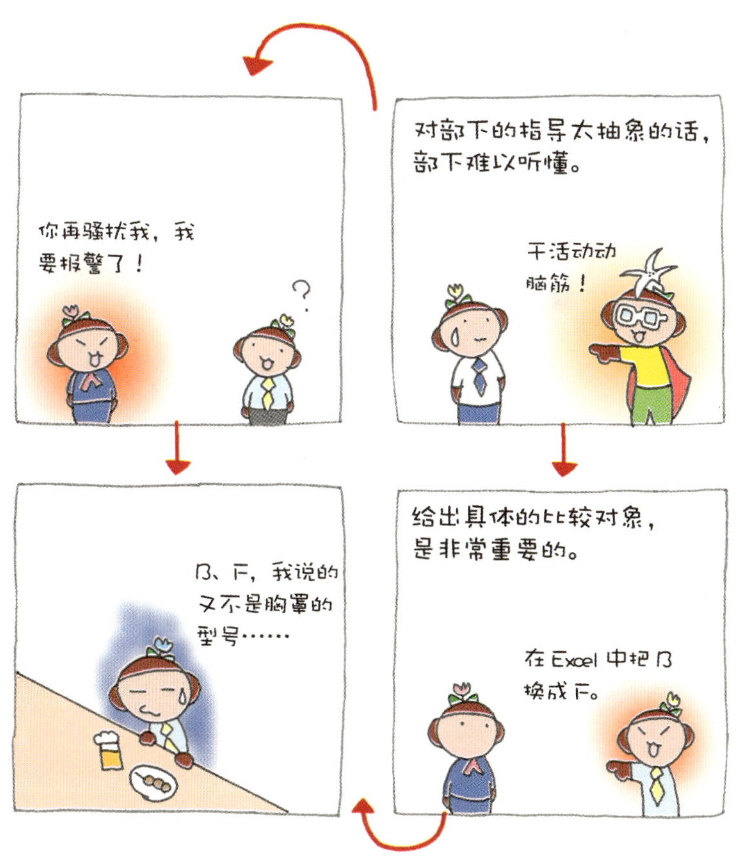

给人留下好印象，可以提高我们在职场中的地位

初次见面非常重要／第一印象

在职场上，我们会遇到各种各样的人。第一次见面能给对方留下好印象的话，对日后工作的顺利开展将大有帮助。在第一次见面时，涉及三个环节，即“见面”“谈话”“结束方式”。在每个环节中都有需要注意的要点，下面我就一一为你介绍。

在“见面”的时候，最重要的肯定是第一印象。在心理学上有一种“开头效应”，第一眼看到的事物会对人造成很大的影响，而且第一印象会在人的头脑中长期保存下去，影响人的判断。也就是说，如果能够在初次见面的时候给对方留下一个好印象，那么在以后的交往中对方对自己怀有好意的概率会大大增加。第一印象会在非常短的时间内（一般约为 5~6 秒）形成。而经常与人打交道的人，会在更短的 1~2 秒内就对对方做出判断，形成第一印象。在形成第一印象时，最重要的几个因素是“外表”“表情”“视线”“说话声音”“说话方式”和“姿势”。而“说话的内容”的影响力就小得多了，当然，如果说话内容重要的话，另当别论。

【外表】外表是初次与人相见时非常重要的一个因素。所以，我们应该有意识地穿着整齐、干净，女性的话应该适当化妆，让自己看起来更加漂亮、有气质。服装的颜色、领带的颜色在别人眼里也是很敏感的因素，所以应该根据场合选择合适的着装颜色。不太善于颜色搭配的朋友，在较正式的场合穿白衬衫一般不会出什么问题。绿色的上衣最好少穿，因为会让脸色显得很难看。

【表情、视线】在各种表情中，最能给别人留下好印象的当然是笑容。建议大家有空的时候多对着镜子练习笑，各种笑，微笑、欢笑、大笑等。当你对对方感兴趣的时候，视线自然会落在他的脸上。所以，在面对面谈话的时候，真诚地注视着对方的眼睛，会让对方觉得你对他感兴趣，就容易对你产生好感。即使你对对方的话不太感兴趣，视线也尽量不要移开。

【说话声音、说话方式】说话的时候，声音一定要清晰洪亮，尤其是重点的地方一定要说清楚。另外，语速也要适中，最好和对方说话的语速保持一致，这会让对方感受到我们对他的尊重。使用的词语也要尽量清楚明白，避免说含混、暧昧的话。言简意赅，比啰啰唆唆更容易给人留下好印象。

【姿势】正确的姿势，能让对方对我们产生信任感。所以，在初次与人见面的时候，我们应该尽量控制自己的一些小动作，要端庄、从容。

给人留下好印象，可以提高我们在职场中的地位

谈话／模仿对方的行为，制造好印象的技巧

如果与人初次见面的时候，只是漫无目的地随意聊天，那么最好寻找一些能够引起对方兴趣的话题。关于当天天气的话题太过普通，不会给别人留下任何印象。说话的方式也要注意，尽量使用正式的、尊敬的语言，礼节要周到。我们讲礼貌，对方心里会感觉："他把我当成一个重要的人来尊重，我也要尊重他。"特别是上了年纪的人，更需要得到别人的尊重。所以，如果对方是比我们年长的人，我们对其礼节的规格可以稍高一些。

谈话的过程中，应该根据对方的话语和反应，搜寻能够引起其兴趣的话题。因为是第一次见面，可能没有必要谈深刻的问题，只谈宽泛的话题即可。为了防止冷场的情况发生，我们最好在平时多搜集一些有趣的话题，以备和人聊天的时候派上用场。当找不到什么话题可聊的时候，可以采用提问的方式寻找新的话题，比如"你业余时间有什么兴趣爱好吗"。如果兴趣相投的话，那接下来可能有聊不完的话题。

还有一件事要强调，那就是一开始务必要记住对方的名字。见面寒暄的时候，如果没有互通姓名或交换名片的话，那么接下来一定要当即询问清楚，并将对方名字牢记在心。如果在谈话的过程中，还要掏出对方名片确认对方名字的话，有的时候是一种很不礼貌的行为。所以，在互相自我介绍的时候，一定要集中注意力听好对方的名字。对于没有实际意义的东西，人都不太容易记住。英国研究者曾经实施过一项记忆实验，拿出一个陌生人的履历让接受实验的人记忆。结果，有 69% 的人记住了这个人的职业，但是只有 31% 的人记住了人名。然而对人来说，最希望别人记住的就是自己的名字。如果单纯记名字感觉不太容易的话，可以结合着对方的长相来记，这叫作联想记忆法。

而且，和人聊天的时候，注意不要光顾着自己说，学会倾听是更重要的。

另外，在谈话的时候注视着对方的眼睛，并不断点头表示附和，也是一种很好的谈话姿态。点头具有很强的肯定作用，让对方觉得我们是赞同他的、支持他的。反过来，面对面谈话的时候尽量不要跷二郎腿或把胳膊抱在胸前。因为这两个姿势是一种防卫式的动作。更有效的一种方法是自然模仿对方的动作。如果对方摸脸的话，我们也若无其事地摸一下自己的脸，对方会感受到一种“亲和感”和“安心感”，从而对我们产生好感。这叫作“类似性魅力理论（假说）”。

给人留下好印象，可以提高我们在职场中的地位

结束方法／“峰终定律”

想要和初次见面的人搞好关系的朋友，在谈话的时候都会苦恼于什么时候结束合适，尤其是在聊得非常热烈的时候。我给你介绍一个最好的结束方式：在聊得最热烈的时候结束。在聊得最好的时候结束谈话，会让对方觉得“意犹未尽”，产生下次再聊的渴望。而且，随着时间的推移，这种渴望感在对方的头脑中会变成对你的好感。

在行为经济学上，这种现象称为“峰终定律”。对于自己经历的一个事件，会留下“好印象”还是“坏印象”，不在于体验这个事件的时间长短，而在于事件结束时自己的感受。也就是说，事件结束时的感受，极大地左右着人对这个事件的记忆。举例来说，假如你开车去某个地方，可是在接近目的地的地方遇到大塞车，堵了30多分钟才一点一点地挪到目的地；另一种情况是，你在开车去那个地方的途中遇到了大塞车，堵了30多分钟之后一路顺畅地开到了目的地。两种情况在路上所花的时间都是一样的。请你想象一下，哪种情况给你留下的记忆更加难受？显然是第一种情况，到达目的地的时候还在塞车。同理，两个人聊得正开心的时候分开，与一直聊了很长时间，最后平淡地分开相比，显然前者给人留下的记忆更加愉快。如果你不知道如何在谈话的高潮巧妙地结束，我教你一个方法，可以假装接到电话，然后借此和对方告别。

另外多说一句，在一些行为经济学和心理学书中认为“开头效应”和“峰终定律”是一对相反的效应。但实际上，两种效应所针对的因素不太相同。“开头效应”是指最初得到的印象会对人的判断造成较大影响，而“峰终定律”是指结束时的感受能够左右人对整个事件的感受。两种效应并不是一对矛盾。

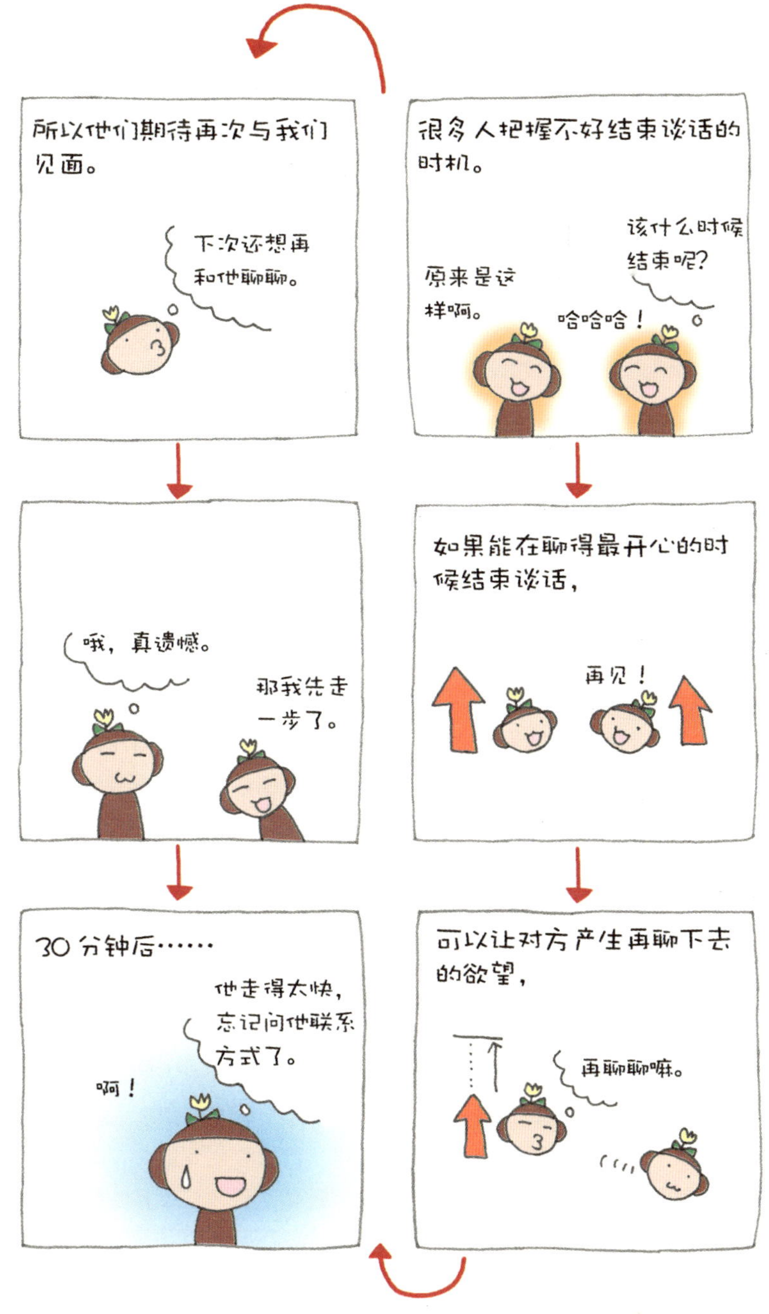
很多人把握不好结束谈话的时机。
原来是这样啊。
哈哈哈！
该什么时候结束呢？
如果能在聊得最开心的时候结束谈话，
再见！
可以让对方产生再聊下去的欲望，
再聊聊嘛。
所以他们期待再次与我们见面。
下次还想再和他聊聊。
哦，真遗憾。
那我先走一步了。
30分钟后……
啊！
他走得太快，忘记问他联系方式了。

要想推销某种商品，需要“制造”一种更贵的商品

准备一个比较的对象

记得在第一章讲过，当有“便宜的”“价格中等的”和“昂贵的”三种同类商品摆在人们面前的时候，大多数人愿意选择“价格中等的”商品。很多商家都看透了消费者的这种消费倾向，据此推出了一些行之有效的促销手段。举例来说，当一些餐馆、商店、网店等要推出套餐商品时，如果只有“便宜的套餐”和“贵的套餐”，那么消费者的选择就不会有一个明确的倾向，有人选择便宜的，也有人选择贵的。这时，如果商家想大力推销利润率较高的“贵的套餐”时，就可以再“制造”出一种“更贵的套餐”，让商品变为三种，即“便宜的”“贵的”“更贵的”。结果，消费者会比较集中地购买处于中间位置的“贵的”。一般来说，“更贵的”商品都不太好卖，当然，也有一些特例，这要根据商品的种类具体分析。总而言之，商家的目的也不是推销“更贵的”。说到底，“更贵的”只是一个“比较对象”，用来衬托“贵的”。所以，在让消费者比较价格进行选择的时候，提供高、低、差三个选项比较合适。

如果商家原本就有“梅”“竹”“松”三个档次的同类商品，这种情况下如果为了推销“松”，而推出“更贵”的同类商品，提供四种商品的话，就不一定有效果了。结果，可能“松”并不会畅销，很多人还是选择“竹”，而意外的是还会有很多人流向“梅”。也就是说，当人们根据价格进行判断的时候，如果选项达到四个或四个以上的时候，人们的选择就会出现分散化倾向。

不过，也不是说设置四五个选项就一定不好。选项较多的时候，某个特定档次的商品可能不会明显畅销，但选项的增多可以吸引消费者的关注，从整体上提高商品的销售额。颜色和味道的变化，以五个左右的选项为宜。如果太多，就像前面讲过的“24种口味的果酱”，会让消费者出现“选择困难”，从而放弃购买，造成整体销售的下降。所以，商家在制定销售策略的时候，首先要确定自己到底是想推销某一种商品，还是从整体上提升销售额，然后再根据情况选择合适的销售策略。

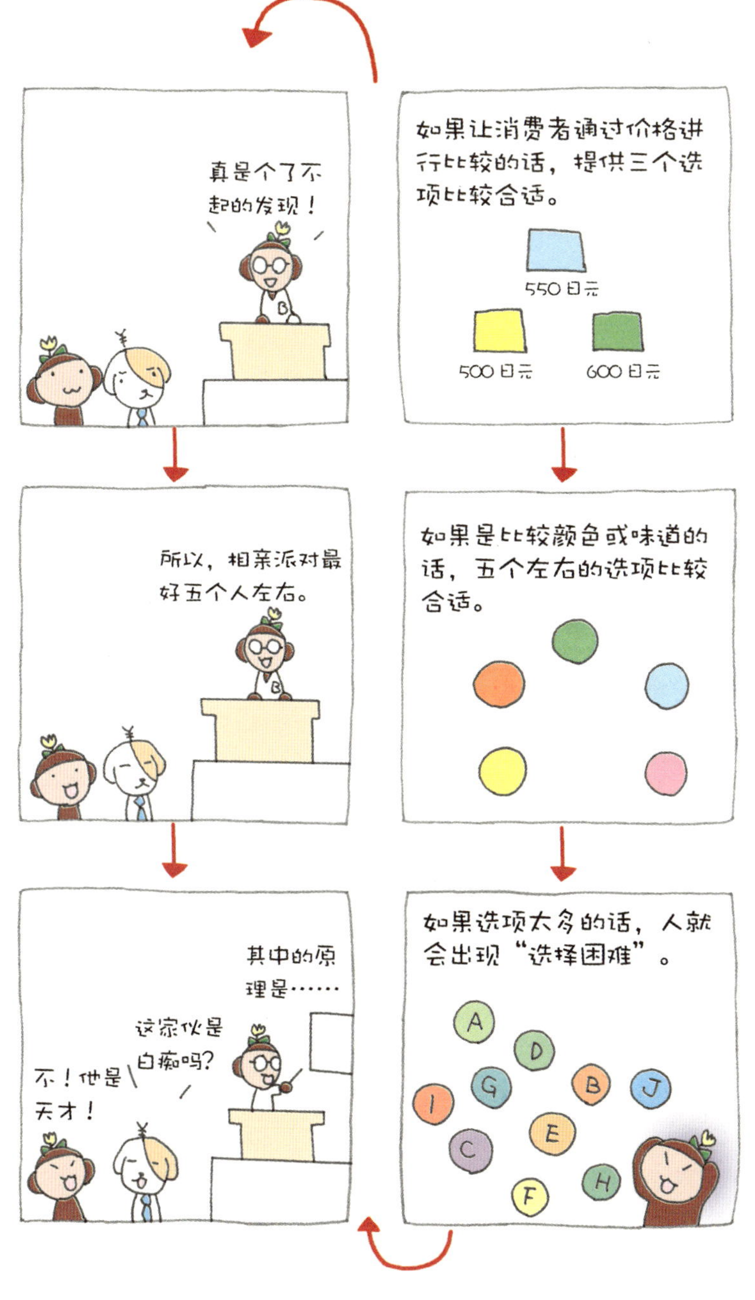
如果让消费者通过价格进行比较的话，提供三个选项比较合适。
550日元
500日元
600日元
如果是比较颜色或味道的话，五个左右的选项比较合适。
如果选项太多的话，人就会出现“选择困难”。
A
D
G
B
J
I
E
C
H
F
真是个了不起的发现！
B
所以，相亲派对最好五个人左右。
B
其中的原理是……
这家伙是白痴吗？
不！他是天才！

星巴克为什么要打破传统？

从星巴克的成功看商业创新

我和星巴克咖啡馆的第一次邂逅，已经是多年前了，但当时的记忆深刻地烙印在了我的头脑中，就像发生在昨天一样。1996 年的一天，因为工作关系，我走在银座的街头，结果无意中发现了一个从未见过的绿色的女人形象的商标。看样子好像是咖啡馆。但是，这家店以前我从来没见过，也没听说过。外表看起来还不错，我就走进店里想一探究竟。结果，一进门，店内咖啡的香气扑鼻而来，简约、舒适的店内装潢，一下子就俘获了我的心。询问了一下价格，当时小杯咖啡要 250 日元，其他的饮品价格也都在 300 日元以上。我感觉这家店的价格有点贵了，所以心里对它的兴趣并没有那么高。这就是我和星巴克的第一次亲密接触。

当时，Doutor Coffee（罗多伦咖啡）在全日本有大约 400 家连锁店，一杯咖啡的价格为 150 日元，能够满足大多数上班族的需求。另外还有一些价格便宜的连锁咖啡馆，他们的价格都比星巴克便宜不少。我们身边经常接触到的某种商品的价格，具有很强的锚定效应，想打破这个船锚并取得成功是一件很困难的事情。但是，星巴克自从在银座开了日本一号店以来，就不断加速扩张，只用 5 年时间就在日本开了超过 300 家分店。有人说是星巴克掀起了日本人喝咖啡的热潮。

不管是日本本土的便宜咖啡馆，还是星巴克，都是咖啡馆，但是他们提供的商品却不太一样。当时的本土咖啡馆主要还是提供咖啡，星巴克则为消费者提供了另外一种空间。星巴克的店内氛围轻松、环境舒适。对于上班族来说，常年过着家庭、公司两点一线的生活，他们非常需要像星巴克咖啡馆这样的“第三空间”。这里不但环境舒适，服务员的态度也很亲切，再加上优雅的背景音乐、咖啡的香气，完全可以让人从紧张的工作、生活中解脱出来，获得精神上的享受。再加上星巴克店内完全禁止吸烟，因此受到很多女性顾客的欢迎。星巴克咖啡馆为消费者提供咖啡，但同时也提供包含咖啡在内的一种生活方式。

换句话说，并不是星巴克打破了传统便宜咖啡连锁店所设定的船锚，而是星巴克建立了一个全新的船锚。星巴克在扩张的过程中，虽然也和其他传统咖啡馆竞争顾客，但吸引顾客的层次是存在差异的。上了点年纪的上班族喜欢传统咖啡馆的比较多，而年轻的上班族和女性更多喜欢星巴克。星巴克的模式对于想创业的人应该有一定的帮助。要想创业，就要创造出一些新的价值、新的理念，这样一来就不容易受到既有船锚的影响。

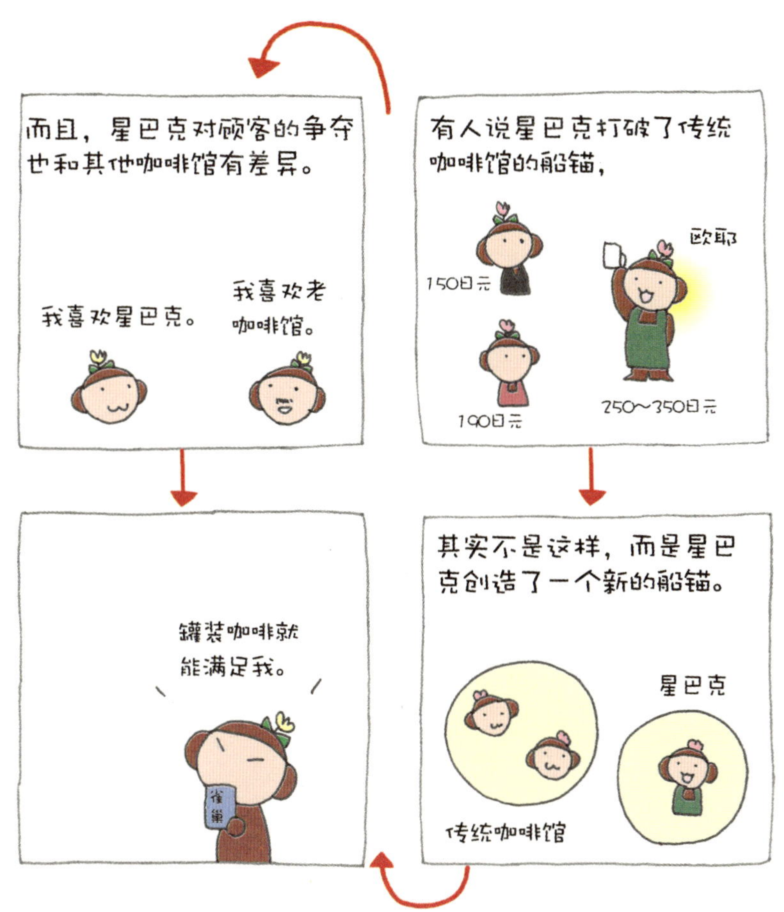

店内背景音乐的节奏放缓，顾客的饮食量就会增加

背景音乐的节奏影响客流量和销售额

我们会在无意识之中受到某些东西的影响，音乐就是其中之一。美国芝加哥洛约拉（Loyola）大学的罗纳尔多·米里曼教授曾经在超市中进行过一项实验，看背景音乐对购物者行为的影响。首先，他在超市内的两个点之间测定顾客的移动速度，结果发现，超市中背景音乐节奏的快慢对购物者步行速度是有影响的。背景音乐节奏快的话，购物者的移动速度也比较快。但是，当背景音乐的节奏比较慢的话，购物者的平均购物额会增加38%。由此可见，背景音乐对顾客的影响还是相当大的，但是，顾客本身根本没有意识到背景音乐会对自己造成什么影响。

从这个实验结果我们可以看出，商家可以通过控制背景音乐来控制顾客的人流量和购物额。如果商家想增加顾客的人流量，那么播放快节奏的背景音乐比较有效。反过来，如果商家想提高销售额的话，那就应该播放慢节奏的背景音乐，以延长顾客在店内的购物时间，增加他们的购物额。还有人在餐饮店进行过类似的实验，同样证明顾客的吃饭速度和食量也会受到背景音乐的影响。如果背景音乐节奏快的话，顾客吃饭的速度就会加快。如果背景音乐换成慢节奏乐曲的话，那么顾客吃饭的速度就会降下来，但食量会增加。

顺便说一下，还有研究结果证明，在快节奏背景音乐的影响下，人容易做出带有风险性、不确定性的选择。以前，日本的弹子游戏机房中经常播放《军舰进行曲》，可能就是老板发现了背景音乐的奥秘。鉴于快节奏的音乐能够激发人们过剩投资的心理倾向，所以，播放快节奏乐曲的弹子游戏机房，就是一个非常危险的地方。当你在弹子游戏机房中头脑发热的时候，最好先出来休息一下，远离快节奏音乐的干扰。

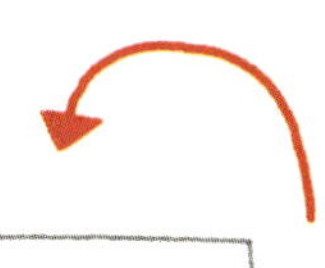

背景音乐对人的影响是相当大的。

快节奏的背景音乐，能让顾客移动的速度加快。

而慢节奏的背景音乐，会让顾客的步速变慢，购物额上升。

我们店里也放慢节奏的背景音乐。

销售额提高→升职到总公司→出人头地

嘿嘿嘿！

乖宝宝，快睡觉，闭上眼睛，摇啊摇……

店内播放法国乐曲，法国红酒就卖得好

背景音乐可以在潜移默化中影响顾客对商品的选择

关于背景音乐与消费者行为的实验还有很多，再为读者朋友们介绍一个。英国一家卖场对背景音乐和红酒种类、销量的关系进行了一项调查。店方在红酒酒柜放了一台录音机，然后在柜台里放上同等价格的法国红酒和德国红酒。然后一天播放法国乐曲，一天播放德国乐曲，长期观察背景音乐和红酒销售情况的关系。结果发现，在播放法国乐曲的日子，一天销售的法国红酒达到40瓶，而这一天德国红酒只能卖出12瓶。而播放德国乐曲的日子，一天销售的德国红酒达到22瓶，而卖出的法国红酒只有8瓶。而且，后来通过回访顾客，发现他们根本没有意识到背景音乐的差异。

音乐在营造氛围方面，具有非常有力的效果。打个比方，你去北海道旅行，就会想吃北海道的美食；去了冲绳，自然就想吃冲绳的美食。而背景音乐就有同样的效果，让人有种身临其境的感觉。

所以，当商家想推销某种特定商品的时候，就可以利用人们的这种倾向，播放相关的乐曲就能看到效果。比如，在超市中某个卖食材的柜台，不仅仅要让店员向顾客推销“这是本店推荐商品”，还要播放相关的背景音乐，对顾客进行无意识的引导。

另外，当你想为顾客制造一个“舒心环境”的时候，不但要注意店内装修的色调搭配，还要在背景音乐上下功夫。即使是同一首曲子，通过改编其频率，也会制造出完全不同的气氛。

特别是低频率的曲子，更能让人感觉舒服。这样的曲子非常适合以舒适、轻松为主题的咖啡馆。有些咖啡馆只播放收音机里的音乐，那样的话，播放什么曲子自己不能做主，虽然不用费脑子思考，但也无法制造一个统一的店内氛围。因为收音机播放的音乐往往没有一个统一的主题。所以，咖啡馆的经营者还是要花一番心思自己选择音乐，营造出一个自己想要的气氛来。另外，

背景音乐还有一种效果，就是隔断周围的杂音，这叫作遮蔽（masking）效应，当有某种频率的音乐存在时，同一频率带的其他声音就很难进入人的耳朵了。比如，适当的背景音乐可以遮蔽其他人说话的声音、空调的声音、脚步声等。

预先支付奖金

损失厌恶的心理带来强有力的积极性

奖金与薪水分开支付的习惯，其实古已有之。比如，在日本的江户时代，给公职人员分发的衣服，就属于奖金类。上班族的工作积极性，会受到奖金的极大影响。奖金制度能够非常有效地激发员工的干劲，但是若想把奖金的作用发挥到最大，我认为应该预先支付奖金。

“什么？奖金不是应该根据业绩来发吗？”肯定会有朋友提出这样的疑问。当然，我们所说的预先支付奖金，并不是无条件地预先支付。

2012 年，美国芝加哥大学的约翰 · 李斯特（John List）教授对教师进行了一项实验，以提高学生的成绩为由对教师进行奖励。李斯特教授的方法是，预先向教师支付奖金，但是，到学年末的时候如果学生的成绩没有提高，教师必须要将收到的奖金返还回来。李斯特教授得到了芝加哥市郊一个教师联合会的协助，结果有 150 名教师参加了这项实验。这些教师被随机分成两组，A 组教师在学年一开始就先领到 4000 美元的奖金。但是，拿这笔奖金是有条件的，到了学年末，如果自己班上学生的成绩下降了，就要把 4000 美元的奖金还回去。而学生成绩提高的话，提高得幅度越大，返还奖金的数额就越小。对于 B 组的教师，则告诉他们如果学年末的时候班上学生成绩提高了，并实现了当初设定的提高目标，教师会得到一笔 4000 美元的奖金。奖金按照学生的数学成绩来计算，如果班上学生的数学成绩比当地同龄学生的数学平均成绩高 1% 的话，就增加 80 美元的奖金。教师最高可以获得 8000 美元的奖金。

实验结果显示，事先支付奖金的 A 组教师的学生，到学年末的时候，成绩平均提高了 10%；而在学年末支付奖金的 B 组教师所教的学生，学习成绩没有明显提高。根据这一结果，李斯特教授推测，人们“损失厌恶”的心理倾向在教师的身上也得到了充分的体现。

也请大家设身处地地思考一下，假如有人先给你 40 万日元，然后告诉你如果无法在预定的期间内完成某项目标，就必须交回那笔钱，你心里会怎么想？如果是我的话，我一般会在前几个月里就把那笔钱花光，然后为了不用还钱，拼命去实现那个目标。

问卷调查并不能收集到用户的心声

诱导型问卷调查①

有些企业在开发新产品的时候，开发人员经常会对一些假想用户进行问卷调查，以听取他们的意见，收集有用信息；有些企业在策划活动的时候，也会事先进行问卷调查，希望收集到更多受人欢迎的点子。可是，我在这里要告诉你，实施问卷调查基本上没什么意义，根本无法收集到你想要的信息。这到底是为什么呢？

原因之一，接受问卷调查的人，一般不会认真地回答。人只愿意对自己感兴趣的事物付出时间和精力，对于自己不感兴趣的东西，大多都是碍于面子应付了事。很多人都会觉得做问卷调查很麻烦，甚至连选项都懒得仔细看，都是随便勾一下而已。这种心理倾向相当于“社会性偷工减料”。接受问卷调查的人心里会想，有那么多人会参加这个问卷调查，而且又是匿名的，我一个人偷工减料、糊弄一下，应该不会影响大局吧。结果，所有人都这么想，大家都糊弄一下，随便填完了调查表。试想，这样的问卷调查，能有多大意义呢？原因之二，人以比较为基础的判断系统，这时也发挥了作用。如果问卷调查只是让参与者在 A 和 B 两个选项中二选一，那还简单一点。但是要让参与者指出某个产品的缺点或改善方法，因为缺少比较对象，一般很难给出深刻的回答。

由此可见，要在新产品开发和收集创意方面使用问卷调查，恐怕很难得到有价值的结果。但是，如果你想让某项议案在公司高层会议上得到通过，那么可以考虑使用问卷调查这个武器。在这种情况下，问卷调查没准能帮你的大忙。因为公司的高层管理者对于“大多数人的意见”会非常在意，也很敏感。大多数人的意见会让他们在经营管理上产生安全感。如果是你个人的意见的话，恐怕在公司的会议上很难通过，但如果换成众人的意见，结果可能就大不相同了。

所以，为了把个人意见变成众人意见，可以活用“问卷调查”这个武器。

另外，人们在接受问卷调查的时候，对于调查表中的“诱导”非常容易“上钩”。如果你是调查表的设计者，那么，当你希望人们选择某个选项的时候，可以将这个选项放在最前面。大部分人在填调查表的时候，并不是把所有选项都认真看完，再仔细思考做选择的，而是先从前面看起，当看到某个选项比较接近自己的意见时，就会立马做出选择，而不会再往下看了。所以，选项的设计是非常重要的。

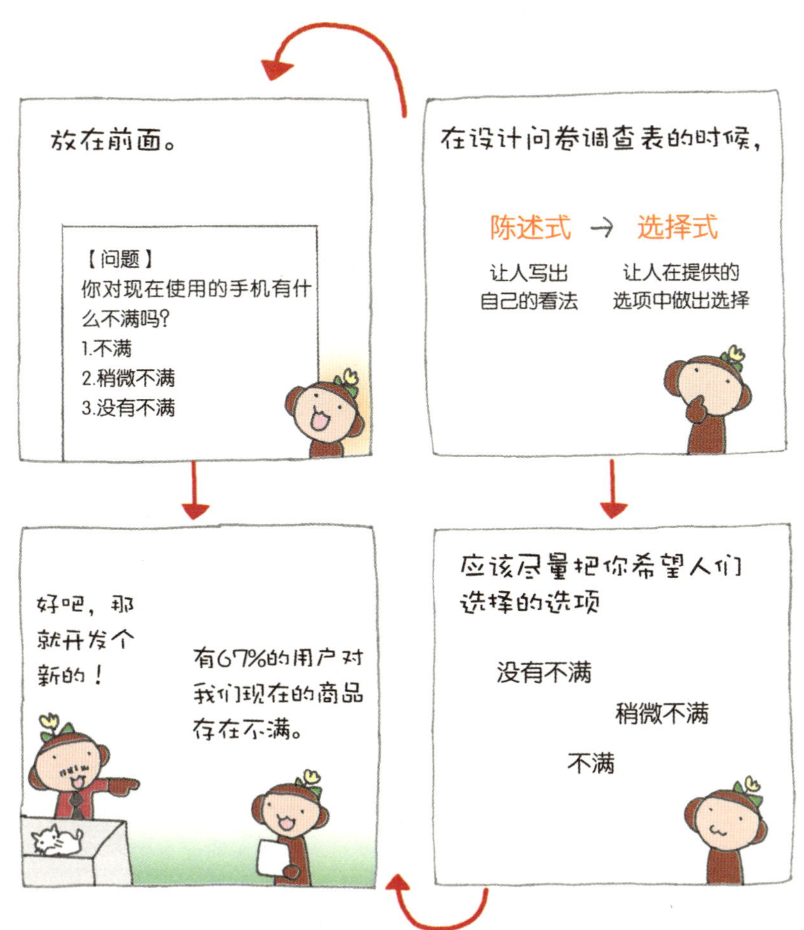

问卷调查并不能收集到用户的心声

诱导型问卷调查②

另外，假如你是新产品的开发者、活动的策划者，要想通过问卷调查的方式让众人对自己的新产品、新创意提供支持的话，还有一个小技巧。举个例子，假设你打算开发一款“眼镜形手机”，如果在问卷调查中直接问：“你会购买眼镜形手机吗？”往往不会收到满意的答复。因为当人们面对一个新生事物的时候，与支持相比更倾向于反对。所以，在设计问卷调查表的时候，不要一上来就问人有关新产品的想法，可以先从眼镜的问题入手。

在用问题引导大众的时候，应该设计几个能够使人们对新产品产生好感的问题，比如“你觉得眼镜是时尚的一部分吗？”“你是否认为现有的手机应该进一步提高便携性？”等。通过这些问题的诱导，最后再抛出真正想要问的问题“你会购买眼镜形手机吗？”，参与调查的人一定会对“眼镜形手机”的评价有所提高。面对直接询问会做出抗拒反应的人，如果先让他们在头脑中预想一下相关的情况，他们最后做出的反应就会好很多。而且，经过事先诱导之后，他们自己甚至都会认为，得出同意的结论是理所当然的事情。可要是一开始就直接询问，他们一定会反对的。

而且，选项不要只设定“想买”“不想买”两个，还应该设定“有点想买”“不太想买”等比较暧昧的选项。当人对某个事物难以进行想象的时候，也就不愿意对其下清晰的定论，这时人们常常倾向于选择暧昧的选项。如果再进一步加强诱导的话，可以取消“不太想买”的选项。但是，问卷调查表的设计者一定要牢记，这样设计调查表的目的是收集对自己有利的信息，而不能保证自己开发的新产品、策划的活动一定能够取得成功。希望开发者或策划者一定不要忘了这个初衷。

另外，捏造数据和篡改数据是不道德的，也是违法的，所以我们不能干这种事。但是，我们可以通过引导的方式，改变人们的看法，这是没有问题的。

我想开发一款香蕉形智能手机，希望公司能通过我的提案。
于是，问卷调查表是这样设计的……
【问题1】
你最常吃的水果是什么？
1.香蕉 2.草莓
3.苹果 4.橘子
※先通过一些诱导性提问，让接受调查的人想到香蕉。
还有这样的……
【问题4】
如果市场上出现了一款香蕉形手机，你会怎么看？
1.非常想买 2.有点想买
3.稍微想买 4.一般想买
5.可以买 6.不想买
感谢你的合作！
有79%的人想买香蕉形手机。
同意！
太棒啦！
我改变主意了，不同意！
不过香蕉熟了，手机就变软了。
噗吡
噗吡

“百分比”和“具体数字”给人的印象有什么不同？

情绪对人思维的影响

精神病院的患者准备出院时，他们的监护人会向精神科医生或心理专家咨询患者是否适合出院的意见。研究人员对患者监护人和精神科医生之间的问答进行了一项实验。他们将精神科医生分成两组，让他的回答在表达上做一些改变。以下是 A、B 两组医生的不同回答方式。

A：像这样的患者，出院后半年之内做出攻击性暴力行为的概率为 20% 左右。

B：像这样的患者，出院后半年之内，100 人中有 20 人左右会做出攻击性暴力行为。

结果，听了 A 组医生的说明之后，有 21% 的患者监护人反对患者出院；但听了 B 组医生说明的那部分患者监护人，有 41% 的人反对出院。我们可以看出，两组医生回答的内容是相同的，只不过表达方式上有所差别，可造成的结果却大不相同。A 组用“%”来表示，会给人一种非常抽象的感觉，不太容易让人产生有关暴力行为的联想，而概率也很难让人形成设身处地的感受。但是 B 组的说法就不一样了，说 100 人中可能会有 20 人做出攻击性暴力行为，一下就让人对暴力行为产生了非常具体的联想，也能切身感受到危险性的存在。这就是情绪对人思维的影响，也叫情绪造成的偏见。

这种由情绪造成的偏见可以应用到各种各样的场合中。比如，卖彩票的人宣传说“我们的彩票中奖概率有 10%”，就不如说“我们 10 张彩票里就有 1 张能中奖”。如果说“100 张能中 10 张”，那效果就更好了，因为让人感觉中奖的数量更多了。再比如，商家在降价促销的时候，说“降价 25%”的效果就不如说“买三送一”的效果好，因为后者更直观、更具体。

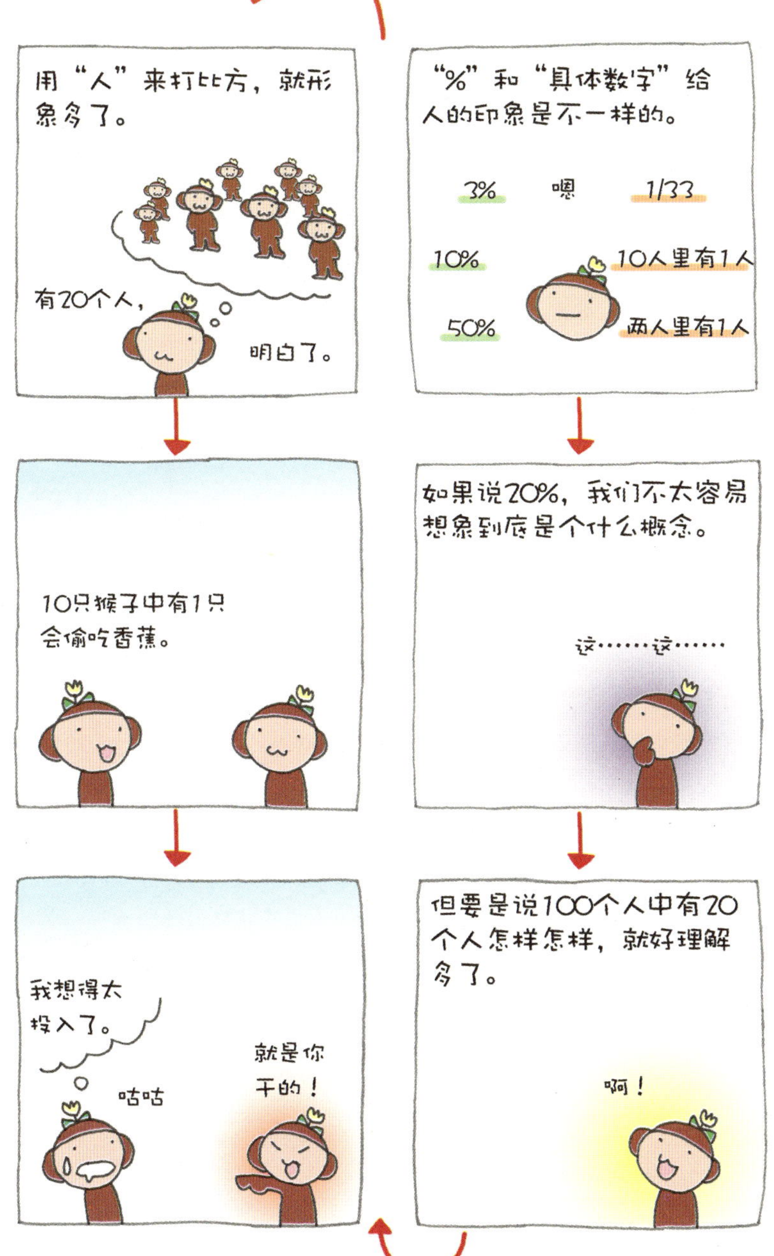

"%"和"具体数字"给人的印象是不一样的。
3%
嗯
1/33
10%
10人里有1人
50%
两人里有1人
如果说20%，我们不太容易想象到底是个什么概念。
这……这……
但要是说100个人中有20个人怎样怎样，就好理解多了。
啊！
用"人"来打比方，就形象多了。
有20个人，
明白了。
10只猴子中有1只会偷吃香蕉。
我想得太投入了。
咕咕
就是你干的！

先推销贵的，再推销便宜的

反差效应

假设你是一家服装店的店员。一天，一位男士来店里购物，他想买“西装上衣、衬衫和袜子”。作为店员，你会怎样向这位顾客推销商品呢?

可能你会想，西装上衣是最贵的，一上来就推销西装上衣的话，顾客可能会嫌贵而离开，不如先推销衬衫吧。其实，这种想法是不对的。如果想提高销售额的话，应该从贵的商品开始推销。当顾客决定购买 5 万日元的西装上衣之后，就会感觉 5000 日元的衬衫很便宜，而 500 日元的袜子对此刻的他来说简直不值一提。

人类的这种认知倾向叫作“反差效应”。当第一个事物与第二个事物存在较大差距的时候，这种差距在人的心里会被进一步放大。举个简单的例子，在寒冬腊月，从暖气房中来到室外之后，人会感觉格外冷，就是因为室内外温差太大。

很多房地产经销商、汽车经销商就深谙人的这种认知倾向，所以在推销的过程中常会有意制造反差，激发起顾客的购买欲望。比如，一开始给顾客看一款很贵的汽车，然后再介绍一款便宜不少的汽车。顾客就会感觉后者很便宜，说不定还会当即买一辆。

另外，当人决定购买某个较贵的商品之后，对于比较便宜的商品会不假思索地顺便购买很多，结果造成极大的浪费。你有过类似的经验吗? 尤其是买车、买房后，有一段危险时期。比如，当人买了汽车这种大件商品之后，对于汽车的一些装饰品、附属配件都会觉得不贵，从而稀里糊涂地买了一大堆。买了房子之后就更甚，装修、家具、电器……很多用不到的也一并买下来，心里还会想，反正大钱都花出去了，再花点小钱买这些也是应该的。如果你是店员的话，就应该先从贵的商品开始推销。如果你是顾客的话，则应该从便宜的商品选起，以避免无缘无故的浪费。

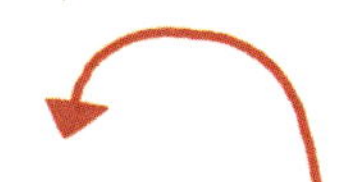

店员推销商品的时候，

应该先从贵的商品开始推荐，

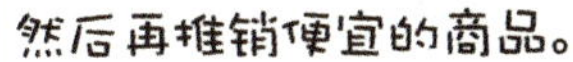

购买贵的商品之后，对于便宜的商品顾客会感觉更便宜。

西装外套 50,000日元

衬衫 5000日元

袜子 500日元

结果，顾客的警惕性就会降低。

一共1,236,500日元。

没让你拿那么多啊……

在谈判中，第一印象起着至关重要的作用

行为经济学助你谈判成功

学习了行为经济学之后，就能大体掌握人的判断倾向，对于商务工作有很重要的指导意义。就拿谈判来说，可以让谈判朝着有利于我们自己的方向发展。最后，就为大家介绍一下行为经济学在谈判中的应用。

1. 第一印象左右着谈判的结果（锚定效应）

在谈判中，最开始提出的条件非常重要。如果涉及金钱数额的话，那么最初提出的金额，将成为后面谈判的一个判断标准。不要一上来就提出自己的底线，而是把金额提得稍微高一些，然后根据对方的意思一点点往下降，向对方显示出“看！我们已经做出了这么大的让步”。这样一来，对方就容易接受我们的条件。

2. 提供的选项不要太多，要让对方便于选择（选项的科学设计）

前面不止一次提到过，人类喜欢进行比较，但不善于进行复杂的比较。要让对方比较轻松地做出选择，我们提供的选项在3~5个为宜。当我们设置好“陷阱选项”（即希望对方选择的选项）之后，最好再提供一两个“虚假选项”。“虚假选项”的条件比较苛刻，对方是肯定不会选的，但设置“虚假选项”的目的是给对方一个比较对象，这样能够更好地衬托“陷阱选项”，最终一步一步将对方引入“陷阱”。

3. 事先设定好谈判结束的时间（损失厌恶）

“给我点时间，让我再考虑考虑。”谈判过程中，当人遇到比较麻烦的问题时，往往会以这个借口进行逃避，结果得出结论的时间就被推迟了，其间不知还会发生什么变故。但如果你想很快得出结论的话，应该给对方设置一个时间限制，比如说：“请在今天之内得出结论，我都已经让步到这种程度了，也请你快点给我个结果。”如果时间拖延得太久，一直得不出结论的话，有时我们就不得不再做出一些让步。这都是人们损失厌恶的心理倾向在作怪。

4. 适当的时候发出最后通牒（损失厌恶）

谈判的时候，最后通牒是一个非常有效的撒手锏。在谈判的最后阶段，我们可以抓住时机说：“如果你不能接受我的条件，我就只好放弃这笔生意了。”对方就只有两个选择了，要么拒绝，要么接受。如果对方是会合理思考的人，即使对我们的最后通牒很生气，也会从实际利益出发考虑问题，很有可能接受我们的条件。但是，如果对方是个感情用事、容易冲动的人，那么就可能使情况变糟糕，他们即使遭受损失也可能拒绝我们的条件。所以，在我们发出最后通牒之前，还是要考虑一下谈判之后的人际关系问题以及对方的性格。

后记
Postscript

读完这本书，你是不是觉得行为经济学很有意思？因为在众多枯燥的理论性学问中，行为经济学属于一个特例，它研究的是实实在在的人的行为，非常具体，也非常贴近生活。说要给我们 1000 日元，那感觉肯定要比说给我们 1 万日元的 10% 更有吸引力。同样是得到 1 万日元，拿到 10 张 1000 日元小钞票的感觉就比不上拿 1 张 1 万日元的大钞票好。而且，随着行为经济学研究的深入，再加上心理学和脑科学的协助，关于人们的经济行为的原理会越来越清晰地摆在我们面前。那个时候，行为经济学就会变得更有意思了。

另外，由于行为经济学和其他学问相比太显眼了，所以近年来学者们也格外重视这门学问，对它的研究也日益兴盛，以后肯定会设计出更加有趣的实验。不过，虽然对人类的行为倾向的研究极具参考价值，但也不是说所有理论在实践中的一切情况下都能通用。就拿超市卖果酱那个实验来说，那个实验证明，选项很多会吸引人们的注意力，但会对人们的选择造成障碍，结果顾客反而无从下手，不知该买什么，最后拂袖而去。根据这个实验结果，有些商店会大力减少同类商品的种类，但这样做并不一定就对。在后来的追加调查中，研究人员发现，像大型超市那种经营多种商品的行业中，再做之前的实验基本上会得到相似的结果。但是，路边的便利店、小卖部之类的店铺中，商品种类很多，不一定就会造成销售额下降的结果。某些行业、商品，增加品种反而会吸引更多的顾客，最终顾客进店之后，不一定非要购买这种商品，但有可能购买其他商品，结果整体销售额还是有所提高的。所以，商品的配置不单单要注意种类的数量和搭配，在展示、摆放上也要讲究技巧，有时故意设置一些比较差的商品作为对比的对象，也是促进其他商品销售的有效方法。

通过学习行为经济学，我们了解了人类经济行为的一些倾向，就应该把它们应用到我们的日常生活中。研究人员花了那么多心血和精力设计、实施了那么多有趣的实验，得到那么多真知灼见，如果我们只停留在“真有意思”的层面，也有点对不起科学家们的努力。所以，我们考虑的应该是如何应用行为经济学理论，让我们的生活变得更加丰富多彩。

行为经济学有时研究的是人们的不合理思维、不合理行为，并找出解决问题的方法。但世间还有一种学问是研究竞争对手的行为，通过合理、冷静的思考制定出对自己最为有利的战略，那便是博弈论。对博弈论感兴趣的朋友不妨读读我编的《石头剪刀布博弈心理学》。另外，想深入了解人类的心理，掌握各种各样的心理效应，也可以读一读我的“每天懂一点”系列中关于心理学的书。

希望这本书能给你的生活带来更加丰富的色彩，至少可以增加一些闲谈的话题，让你成为一个知识面很广的人。